白隠さんの『延命十句観音経』を読む

汝のこころを虚空に繋げ

虚空は「いのち」だから

帯津良一

帯津三敬病院名誉院長

風雲舎

（はじめに）

不安な時代を『延命十句観音経』で乗りきる

「カンゼーオン　ナームブツ……」

まだ朝日の昇る前。静寂に包まれた病院内に私の声が響きます。

私がタクシーで病院に到着するのはだいたい朝の五時ごろ。通用口のドアを開けると宿直のスタッフが笑顔で出迎えてくれます。

「おはよう。いつもご苦労さま。帰ったらゆっくり眠ってくださいよ」

と笑顔を返しながら、右手をひょいと上げて建屋に入ります。

廊下を20メートルほど歩くと、右側に職員用の階段があって、そこを二階まで上れば、私の部屋はすぐです。

入口に近いところには大きな仕事机がドーンとあり、その周辺には書物が所狭しと積み上げられています。いただいたお酒もたくさん並んでいます。みなさん、高級酒を奮発してくれるので、たまにお酒好きの職員にあげると大いに喜ばれます。もちろん、私も診察後、病院の食堂で食事をするときにはありがたくいただいています。

奥の部屋にはベッドがあって、忙しくて家へ帰れないときにはそこで泊まります。もっとも、数年前に病院近くのマンションに引っ越してからは帰宅するのに造作もないので、このベッドを使うことはほとんどありません。

私には、病院へ入ってすぐに行なう、短い儀式があります。

入院患者さんたちはまだ夢の中。人気《ひとけ》のない病院はシーンと静まり返っています。もうじき今日の一日が始まります。あと三時間もすれば、待合室には患者さんがあふれ、医者や看護師、事務の人たちが慌ただしく動き回る戦場に変わります。身が引き締まる思いです。早朝の儀式は、戦いに向かう覚悟を決める大事な数分間です。

部屋に入ってすぐの右手に神棚が祀《まつ》ってあります。まずは水と塩を替え、「今日もよろしくお願いします」と柏手を打ってあいさつします。

後ろを振り向くと、神棚と向かい合ってもうひとつ棚が備え付けられています。そこに三体の観音像が鎮座しています。中国へ行ったときに買ってきたもの、だれかのお土産、それに自分が気に入ったものを並べています。その横では、亡くなった家内も写真の中から笑いかけています。

私は、観音さまの棚に向かって手を合わせ、「カンゼーオン……」と大声で唱えます。
『延命十句《えんめいじっく》観音経《かんのんぎょう》』です。
わずかに十句、字数にして四十二文字。だれでもすぐに覚えられます。

観世音（かんぜおん）
南無仏（なむぶつ）
与仏有因（よぶつういん）
与仏有縁（よぶつうえん）
仏法僧縁（ぶっぽうそうえん）
常楽我浄（じょうらくがじょう）
朝念観世音（ちょうねんかんぜおん）
暮念観世音（ぼねんかんぜおん）
念念従心起（ねんねんじゅうしんき）
念念不離心（ねんねんふりしん）

せっかちな私にはぴったりの短いお経ですが、短いという理由だけで唱えているわけではありません。

こころから尊敬する江戸時代の名僧・白隠禅師《はくいんぜんじ》(一六八五年～一七六八年)が世に広めたお経だと知って、私はこれを唱えはじめました。なぜか白隠禅師には親しみを感じます。だから、いつも「白隠さん」と気安く呼びかけています。白隠さんがいかにすごいお坊さんだったかは本文で詳しく紹介します。

白隠さんは、この短い十句の中に仏教の真髄が凝縮されていると読み取ったのでしょう。『延命十句観音経』を一晩中唱えつづければ、どんな願いもかなうと言っています。

私の場合、一日たった一回です。一回とはいえ、それでも継続は力なり。およそ二十年間続けていますので、計算すると七三〇〇回は唱えていることになります。願いをかなえるための基準が一〇〇〇回だということですから、すでに七回も願いがかなっていることになります。この二十年、大変なこともたくさんありましたが、どうにか無事に乗りきって現在に至っています。『延命十句観音経』も大いに貢献してくれているのではと思います。

『延命十句観音経』の由来については諸説あります。『涅槃経《ねはんぎょう》』の偽経《ぎきょう》であるともいわれていますので、「なんだ偽物か」と、好意的に受け止められない方もいるかもしれませんが、白隠さんの書いた書物などを読めば読むほど、半端なお経ではないことがわかります。

白隠さんは、『延命十句観音経』は寛文《かんぶん》年間（一六六一年〜一六七三年）のころに世に知られたと書き残しています。白隠さんが生まれる少し前のことです。徳川家綱が第四代将軍でした。

霊元《れいげん》天皇（一六五四年〜一七三二年）が一六八七年に退位して上皇になったとき、比叡山の霊空光謙《れいくうこうけん》（一六五二年〜一七三九年）という偉いお坊さんに命じました。

「其の文章最も簡単で功徳《くどく》深き経を撰び出して上覧に備えよ」

簡単に唱えることができて、もっとも功徳があるお経を探せと言うのです。上皇の命令ですから霊空さんも必死です。あらゆる仏教聖典を繙《ひもと》いてやっと見つけ出したのが『延命十句観音経』でした。霊元、霊空という、奇しくも「霊」という目に見えない世界に通じる名前のふたりが『延命十句観音経』を世に出したというのも、なにか意味ありげに感じてしまいます。

私は、半世紀以上、がんという、だれもが死を意識する病気の治療に当たってきました。がんと診断されれば、患者さん本人はもちろん家族も落ち込みます。不安で胸がいっぱいになります。過剰な不安や恐怖は免疫力を低下させます。免疫力が低下すれば、病気は治りにくくなります。

医者は、病気を診るだけではなく、患者さんや家族の方のこころのケアもしないといけません。治療法を提示するだけでは、「これからどうなるのだろう?」「死んでしまうのじゃないか?」といった不安や恐怖を消すことができません。闘病する上で、こころの拠りどころになるものが必要になってくるのです。

八百万《やおよろず》の神さまと同様に、仏教やお経は長い時間をかけて、困難に直面して絶望に押しつぶされそうになった日本人のこころを癒し、救ってきました。私は特定の宗教を信仰しているわけではありませんが、医学的には治る可能性のない人が特別な治療もしないのに良くなった例をいくつも見てきましたし、私自身も思わぬ出来事によって難を免れたこともあります。それ以外にも、科学的・論理的には説明できないことに多々直面してきました。

「日々起こっているさまざまな現象の裏では、何か目に見えない大きな力が働いているのではないか」

科学を超えた力を信じないではいられないのです。特に、世の中が不安定になればなるほど、神や仏という目に見えない力にすがることで、人々は不安から脱することができます。決して無視できない力なのです。

白隠さんが生きたのは、元禄(一六八八年~一七〇四年)という高度経済成長の華やかな時期があったかと思うと、元禄地震（一七〇三年）、宝永地震（一七〇七年）が相次いで起こり、津波の大被害があり、その直後には富士山が大噴火するという激動の時代でした。富士山の噴火で、火山灰は田畑に降り積もり、太陽が顔を出す時間も短くなり、作物は壊滅状態になりました。社会が不穏になっていき、人々の不安はどんどん高まっていきました。

白隠さんの死後すぐに、岩木山や浅間山が相次いで噴火（一七八二年〜一七八三年）。食糧難は深刻さを増し、歴史に残る天明の大飢饉《ききん》（一七八二年〜一七八七年）となりました。大凶作となり、疫病も広がり、たくさんの人が亡くなりました。当時の人たちは、地獄を見る思いだったのではないでしょうか。

そんな中で、『延命十句観音経』は庶民の間に根付いていきました。世の中に絶望が広がり、人々はそこにすがるしかなかったのです。そして、『延命十句観音経』を唱えることでこころが落ち着くことを多くの人が実感しました。

新型コロナウイルスで世界中が大騒ぎの真っただ中で本書を執筆しています。見えないウイルスへの不安でたくさんの人が右往左往している様は、白隠さんが生きた時代に共通するのではないでしょうか。これ以上世界に不安が広がらないことを祈っていますが、こういう大ピンチの時代を安定させるためには、こころやいのちという深いところにアクセスできる術が必要です。白隠さんが、こころやいのちが喜ぶ方法として『延命十句観音経』を残してくれたことに感謝したい気持ちでいっぱいです。この短くもありがたいお経を日々唱えることをおすすめします。

本書はあくまでも医師としての私が考える『延命十句観音経』について書いています。仏教の専門家からすれば的外れな話もあるかもしれませんが、そこはご容赦ください。本書を通して『延命十句観音経』に縁ができ、大きな壁の前で絶望している方が「……よしやるぞ」と思ってくれれば幸いです。長い間、多くの日本人の支持を得てきた仏教には、科学を超えた力があるに違いない、と私は思っています。絶体絶命の危機に立たされたときには、日本人のＤＮＡに刻み込まれた仏さまを崇めるこころを思い出して、お経を読んでみてはどうでしょうか。

まえがきが長くなりましたが、これから始まる『延命十句観音経』の物語、最後までお読みください。

二〇二〇年七月

帯津良一

『汝のこころを虚空に繋げ』……目次

カバー装丁……………川畑 博昭
本文構成……………小原田 泰久
さし絵………………藤井 洋子

（第一章）

なぜ『延命十句観音経』か

剣豪のように強くなりたかった

「何かご質問がある方は挙手してください」

一時間半の講演が終わると、司会者が三〇〇人ほどでいっぱいになった会場に呼びかけました。私の専門はがんですから、聴衆はがんの患者さんやご家族の方が大半です。ここ数年来、「老い」や「死」について話すことが多くなり、健康ではあるけれども、漠然と老後や病気に対する不安をもっている方も足を運んでくれるようになりました。

「では、真ん中あたりの白いシャツの方」

手を挙げた中から、司会者はひとりの男性を指名しました。

六十代後半くらいでしょうか。細身でちょっと神経質そうな顔立ちの方です。

「私はいつも病気になったらどうしようと、びくびくしながら生きています。食事に気をつけたり、毎日運動をしたり、サプリメントを飲んだりしていますが、安心できません。先生のように、何事にも動じないで生きるには、どうしたらいいでしょうか」

よく通る声で質問してくれました。十年ほど前から私の耳が聞こえにくくなっているので、こういう声だと助かります。

質問の意図はよくわかりました。六十代には定年退職という大きな節目があります。定年の前とあとでは、社会との関わり方が大きく変わります。会社という居場所がなくなり、家庭や地域にいても、どうも落ち着かない。仕事人間だった人ほど、生きがいを奪われたようなさみしい気持ちになって、張り合いを失い、しょんぼりしてしまいがちです。体力の低下も感じて、病気の心配も年々大きくなります。こころの中にさまざまな不安が湧き上がってきて、どうすれば揺れ動くこころをコントロールできるのか、迷っているのでしょう。

さて、どう答えればいいかと考えましたが、まずは、この方の勘違いを正さないといけません。「先生のように」と彼は言いましたが、私は何があっても動じないほど、こころが成熟しているわけではありません。年を重ねて八十代半ばになって、経験を積むことで気持ちの振れ幅が小さくなったのは確かです。仕事柄、病や死がとても身近にある分、多少は度胸も据わってきたかもしれません。それでも、「こころが動じないか」と問われれば、とても胸を張って「イエス」とは答えられません。

若いころは、手術が思うようにうまくいかなかったり、病巣をきれいに取りきったはずの患者さんが再発で戻ってくると無力感にさいなまれ、もっと違うやり方があったのではないかと考え込んだものです。決して手を抜いたわけではありません。自分の全精力を患者さんに注ぎ込んだつもりでも、結果が良くないと、こころが大きく乱れるのです。

悔しい経験を積むことで外科医としての技量が高くなる、と頭ではわかっていました。しかし、実際に大成功とはいえない場面に遭遇したりすると、自信も揺らぎ、落ち込みます。「そんなことでどうする」と自分を叱咤激励していました。

「宮本武蔵や塚原卜伝《つかはらぼくでん》、柳生石舟斎《やぎゅうせきしゅうさい》のように、どんなときでも堂々としていたい」

小説で読んだ剣豪たちの姿が私のあこがれでした。講演会の質問者の方と同じで、何事にも動じないこころがほしくてたまりませんでした。

私は戦前の生まれですから、男は強くなってお国の役に立たないといけないと教え込まれました。びくびくおどおどしている子は軽蔑されました。男の子は怖くても、やせ我慢しないといけません。泣くなんてもってのほかでした。当時の教育が、私たちの年代の「動じてはいけない」という価値観に影響を与えていただろうと思います。

からだが小さかったことも剣豪にあこがれた理由のひとつでした。校庭に並ぶときはいつも前のほうでした。見下されているみたいで、背の高い友だちと並んで立つのは嫌でした。相撲をしても体格のいい奴には勝てません。それが悔しくて柔道を習いました。学校が終わると柔道場へ駆け込み、少しでも強くなろうと稽古に励みました。柔よく剛を制す。小さなからだで大男を投げ飛ばす姿をイメージして、背負い投げやら大外刈りを覚えようとがんばりました。

終戦の年（1945年）、川越市立第三小学校4年生のときの著者（中央黒い服）。小柄な体格だった。

でも、いざ試合となって、からだの大きい子と組むと、ぐっと引きつけられてしまって何もできなくなります。胸倉をつかまれグイと上へ引っ張り上げられて、簡単に畳にたたきつけられました。

「くそっ」

悔しくてたまらなかったけれども、どうしようもありません。いくら努力してもからだは大きくならないし、それほど運動神経が良いわけでもなく、腕力も人並み以下では、柔よく剛を制すなどというのは夢物語です。

このコンプレックスを克服しようと、大学では空手部に入り、その後、合気道に似た武術である八光流柔術を習いました。

もっと男らしく強くなりたい。強いというのは、腕っぷしのこともありますが、剣豪のように何があってもひるまない、動じないこころを求めていたのだと思います。

しかし、理想と現実の間にはいつもギャップがあるものです。動じないこころはなかなか獲得できません。強くなりたいと思えば思うほど、強くなれない現実に直面し、落ち込んだり悩んだり、こころは動きっぱなしでした。

地獄が怖くて出家を決意した白隠さん

先ほどの質問に私はこんなふうに答えました。

「落ち込んだり悩んだりするのは決して悪いことではないと思います。いつも平然としていると、ときめきが生まれません。ときめきこそ、自然治癒力のもとであり、人を成長させてくれるエネルギーですから、私はずっとおどおどしたり、びくびくしながら生きていこうと思っています」

物体が落下するときには大きなエネルギーが発生します。逆に、低いところから高いところへ物体を移動させるときにはエネルギーが蓄えられます。同様にときめきも、高いところと低いところの落差があって生まれるものではないでしょうか。お腹いっぱいのときにおいしい料理を並べられてもときめかないけれど、空腹だと、ひと口のご飯がごちそうです。ときめきます。

こころが揺れ動くからこそエネルギーが高まると思えるようになったのは、白隠さんを知ったのがきっかけでした。

白隠さんは十五歳のときに出家しました。そのきっかけがとても面白いのです。兄ふたり、姉ふたり。白隠さんは末っ子。三男なのになぜか岩次郎という名前でした。ある日、母親に近くの昌原寺《しょうげんじ》というお寺へ連れて行かれました。そこで和尚さんから地獄の話を聞かされました。その和尚さん、いつも大勢の前で話をしているので見事な説法です。十一歳の少年には目の前に地獄があるかのように思えてきて、ぶるぶる震えるほどでした。

「地獄はなんて怖いところだ。あんなところ絶対に行きたくない」

白隠さんはこれまでの自分を振り返りました。やんちゃだったので喧嘩もしました。嘘もつきました。虫や魚もさんざん殺しました。地獄行きは間違いない。地獄の話を聞いて以来、毎日、頭の中では地獄の恐怖が渦巻いていました。

来る日も来る日も地獄を思っておののきつづけました。どうしたらこの恐怖から逃れることができるのか。やっと見つけた答えは、「出家するしかない」でした。出家して厳しい修行をすれば、恐怖を感じなくなるのではないか。十一歳の少年がそこまで思い詰めたのです。

　私も小学生のころ、近所のお寺で地獄図を見たことがあります。川越の生家の近くに蓮《れん》馨《けい》寺《じ》という室町時代に創建された浄土宗の古刹《こさつ》があります。その境内が私たちの遊び場でした。

　毎月八日は蓮馨寺の縁日。屋台が出たり、大道芸があったり、子どもたちはとても楽しみにしていました。なぜかはわかりませんが、縁日のときだけ本堂の壁に地獄図がかけられていました。

「わーっ」

　怖いもの見たさで本堂へ上がった子どもたちは思わず声を上げ、地獄図の前で立ち尽くします。鬼たちが絵から飛び出して襲いかかってきそうです。泣き出す子もいました。私の足もがくがく震えていました。

　子どもにとって地獄がいかに怖いところか。人生を変えるほどの強烈なインパクトではありませんでしたが、それでも白隠さんが感じた恐怖の一端を想像することができます。

　白隠さんは出家したい旨を親に伝えました。親は許してくれません。仕方がないので、来る日も来る日もひとりで近くの岩山に登って坐禅を組み、地獄の恐怖と戦いつづけました。その姿には異様なものがあったのでしょう。親もついに出家を許してくれました。白隠さん十五歳のときでした。

出家をしたものの、地獄への恐怖はすぐに消えたわけではありません。トラウマとなって白隠さんの深い意識の中に居坐りつづけたのかもしれません。だからこそ克服しなければ、と白隠さんは厳しい修行に夢中になりました。

もし地獄など平気だったら、白隠さんは出家しようとは思わなかったでしょう。代々村の役人という家系でしたから、白隠さんも父親と同じ役人の道を歩んでいたかもしれません。どちらが幸せだったかはわかりませんが、地獄の話が恐怖だったからこそ、三〇〇年ののちまで名前が残り、時代を超えて数えきれないほどの人に影響を及ぼすことになったのは間違いありません。

そういう白隠さんでさえ、生涯こころが揺れつづけました。負けちゃいけない、強くなければいけない、泣き事を言ってはいけない、怖がってはいけない――自分の揺れ動く感情に素直になれないのはとても窮屈なものです。私は白隠さんを知って、こころをぐるぐる巻きにしていたロープが解き放たれるのを感じました。ほっとしたのです。嫌なものは嫌、怖いものは怖いと受け止めることができるようになりました。

あこがれの剣豪たちも、いのちをかけた戦いに不安や恐怖がなかったはずがありません。

いくら強くても、上には上がいます。ともに連戦連勝の強者《つわもの》。今度は負けるかもしれない、とこころが揺れたはずです。それでも戦わなければならない。腹をくくる。刀を構える。

戦いは一瞬かもしれないし、長びくかもしれません。いずれにせよ、どこかで勝負がつきます。死ぬのは相手か自分か……。想像するだけで震えが出る場面です。

彼らはネガティブな感情をないものとするのではなく、素直に受け入れたのだと思います。そして、稽古に稽古を重ねることで、「負けるかもしれない」という不安を少しでも克服しようとした結果、歴史に残る剣豪になることができたのではないでしょうか。

ときめきが安心のもと

末期がんを宣告された人がこんなお話をしてくれました。

「すっかり落ち込んで病院を出たあと、とぼとぼと道を歩いていると、道端の雑草が目に入りました。小さな花をつけていました。普段なら目もくれずに通り過ぎていたのに、そのときは思わず立ち止まりました。名もない草が愛しくて涙が止まらず、しばらく花の前に立ち尽くしました」

大変なときめきです。落ち込んでいたからこそ目に入った光景でしょう。末期がんという最悪を告げられたときだからこそ、感動したのだと思います。それでもしばらくすれば不安や恐怖が湧き上がってくると思います。しかし、決して抗《あらが》う必要はありません。ネガティブな感情を受け入れ、剣豪が真剣を構えて相手と対峙《たいじ》するように、がんときちんと向き合うことができれば、また新たなときめき、感動が生まれてくるはずです。

いつもハイテンションで生きているときには、ときめきはなかなか起こりません。落ちては上がり、また落ちては上がる、その繰り返しの中でときめきが起こって、いのちのエネルギーが高まっていくのです。

白隠さんはそのことをよく知っていたのだと思います。恐怖や不安で落ち込んだとき、自力ではなかなか這い上がれません。何らかの手助けが必要です。難しい修行や苦行をできる人は限られています。そこで、白隠さんはお金もかからず、わずか十句を唱えるだけで大きな功徳が期待できる『延命十句観音経』を広めようとしたのではないでしょうか。庶民の幸せを考えていた白隠さんならではの発想だと思います。

このお経を唱えていると、おどおどびくびくしてもいい、やせ我慢しなくていい、落ち込んでいい、悩んでいい、かなしくていい、さみしくてもいい、泣いたっていい、と思えてきます。どんな自分であっても、どれほどの苦境に立たされていても、必ず救われるのだ、と安らぎ、こころが軽やかになるのです。

医学的にいうと、自律神経のうちの副交感神経が優位になった状態を作り出してくれます。副交感神経はリラックスする神経で、これが優位になると、ストレスが少なくなり、免疫力がアップするとわかっています。ストレスが軽減すれば、やる気が出てきます。免疫力が高くなれば病気になりにくくなり、病気の人は改善に向かいます。

「『延命十句観音経』を一〇〇〇回唱えれば、どんな願いもかないますよ」

と白隠さんははっきり言っています。その上で、さまざまな困難を乗り越えた例をたくさん紹介しています。文字どおり一〇〇〇回でいいのか、たくさんという意味で一〇〇〇回なのかは定かではありませんが、とにかくこのお経を唱えているうちに、いつの間にか、こころもからだもリラックスして、これでいいのだという安心感に包まれるのです。

どんなお経なのか、『延命十句観音経』の内容を見てみましょう。

（第二章）

『延命十句観音経』を読む

『延命十句観音経』

観世音　かんぜおん

南無仏　なむぶつ

与仏有因　よぶつういん

与仏有縁　よぶつうえん

仏法僧縁　ぶっぽうそうえん

常楽我浄　じょうらくがじょう
朝念観世音　ちょうねんかんぜおん
暮念観世音　ぼねんかんぜおん
念念従心起　ねんねんじゅうしんき
念念不離心　ねんねんふりしん

困ったときは、観音さまにすがる

『延命十句観音経』にはどんな意味があるのでしょうか。

観世音（かんぜおん）
南無仏（なむぶつ）

「観世音」とは、観音さまと呼ばれ親しまれている観音菩薩《かんのんぼさつ》のことです。品があって、やさしそうな顔の女性の像を思い浮かべる方が多いかもしれません。私の部屋にお祀りしてある観音像もやさしいお顔をしています。

菩薩とは、悟りを開くため修行中の存在です。しかし、本当はすでに悟りを開いていながら、高いところから見守るのではなく、わざわざ衆生《しゅじょう》に近いところに下りてきて、悩んだり困ったりしている人を救済しているありがたい存在です。菩薩には、観音菩薩のほかに、弥勒菩薩《みろくぼさつ》、地蔵菩薩《じぞうぼさつ》、文殊菩薩《もんじゅぼさつ》などがおられます。

「観音さま……」という響きがとても身近に感じられるのは、いつも衆生の近くに下りてきてくださっているからでしょう。特に観音さまは慈悲深い菩薩さまで、どんな願いであっても、それがかなうためにいろいろ手を尽くしてくださいます。人々を常に観ていて、助けを求める声があれば、すぐに救いを授けてくださることから「観音」の名がつき、広く信仰されています。観音さまは、美しい女性や神さま、お坊さん、また竜や鬼など臨機応変に姿を変えて（三十三身といいます）、あらゆる人を救い、あらゆる願いをかなえてくださる存在です。

その観音さまに呼びかけるのが一句目の「観世音」なのです。

二句目の「南無」は「お任せします」の意です。「南無仏」は、「仏さまこそが私の拠りどころです」という意味ですから、敬意をもって仏さまにすべてを任せます、委ねます、という状態です。母親を信頼しきっている赤ん坊のイメージでしょうか。大声で泣けばおっぱいをくれるし、おむつを取り替えてくれます。

「観音さま、私はこんなことで困っています。観音さまが私の拠りどころです。どうぞ救ってください」

そうやって観音さまの慈悲の力に救いを求めることから、『延命十句観音経』は始まります。世界平和とか人類の幸せ、地球環境の浄化といった高尚な願いである必要はありません。どうしてもお金が必要だとか、出世したいとか、病気を治してほしい、という個人的な願いに対しても、何とかしてあげようと働いてくれるのが観音さまのすごいところなのです。

ただし、すがるならとことんすがりなさい。自力を忘れて観音さまに任せきるくらいのつもりでこのお経を唱えましょう。そんな心構えが「観世音　南無仏」というふたつの句には含まれています。

だれもが観音さまのこころをもっている

与仏有因（よぶつういん）

与仏有縁（よぶつうえん）

「与」は「与《くみ》する」の「与」です。仲間になる、味方になるといった意味です。「与仏有因」は、私たちは仏と同じ因を有する仲間なのだ、と訳せるでしょうか。私たちは仏さまをほど遠い存在と考えていますが、本来は同じなのだという意味です。仏さまもかつては人間だったし、人間もいつかは仏さまになれます。つまり私たちにも、仏さまと同じように悟りの道が用意されているということです。

悟りの道が用意されているとしても、ぼーっとしていては先へ進むことができません。「修行」が必要です。悟りのための努力をすることが「縁」なのです。仏さまは厳しい修行をして悟りを開きました。私たちにも仏さまと同じように悟りの道が開けていますから、怠らず努力をしていれば、必ず仏さまは応援してくださいます。それが仏さまと縁をもつこと、「与仏有縁」です。

「オギャー」と生まれた赤ん坊がどんな大人になるのか。遺伝子の影響は大きいと思いますが、それだけではありません。育つ環境も重要なカギです。遺伝子が「因」なら、環境は「縁」ではないでしょうか。

「与仏有因　与仏有縁」は、すべてを観音さまに委ねるのだけれども、私たち自身も仏さまのこころをもって生まれてきているし、さまざまな縁に導かれて、いつかは仏さまになる道が敷かれていることを教えてくれるのです。

仏法僧縁（ぶっぽうそうえん）

次が「仏法僧縁」です。「仏」は仏さま、つまり悟りを開いた人。「法」は仏さまの教え。「僧」は仏さまの教えを学ぶ仲間のことです。これを仏教では三宝《さんぽう》といいます。三つが結びついてこそ、真理が見えてきます。

私は、今のような不安定な世の中でどう生きればいいかを考える上で、とても大切な句だと思います。

人生というのは、いいことにしろ、悪いことにしろ、思ってもみないような事態が発生することがよくあります。自分の意志を超えて起こる出来事。そこに大きな力の存在を感じる方も多いでしょう。間違いなく、私たちを生かしてくれている存在。それが「仏」です。

大いなる力はあるルールに基づいて私たちに働きかけてきます。天に唾を吐きかければ、吐いた唾は自分の顔に降りかかってきます。つまり、天のルールにそむけば報いを受けます。逆に、いいことをやれば自分にもうれしいことが起こる。これが「法」です。

そして、人はひとりで生きているのではなく、まわりと支えあい、助けあってこそ生きていられることを教えてくれるのが「僧」です。

せっかく、大いなる力が応援してくれて（仏）、悟りへの道を示してくれて（法）、一緒に道を進む仲間がいるのです（僧）から、これを生かして生きていく（縁）ことが大切なのです。

常楽我浄（じょうらくがじょう）

意味の深い四文字です。

「常楽我浄」は、もっとも理想的な状態です。どんな世の中でも観音さまは変わることのない慈しみのこころで私たちを見守ってくださっています（常）。人のために尽くすことこそ観音さまの楽しみであり喜びです（楽）。無条件に私たちを救い愛する姿は嘘偽りのないもので（我）、観音さまのように生きればすべてのものが浄《きよ》まります（浄）。

しかし、私たち人間はまだ観音さまになる途上ですから、すぐ「常楽我浄」という心境にはなれません。それは仕方のないことですが、その先に「常楽我浄」があることを知っておいていいでしょう。目指すべき状態をこの四文字は教えてくれているのです。

「常」というのはいつも変わらないことです。たとえば「いつまでも若いままでいたい」と多くの人が望みます。しかし、そうはいきません。昨日の自分と今日の自分は違い、十年たてば十年分年を取ります。アンチエイジングで多少年を取るのを遅くできるかもしれませんが、観音さまのいう「常」とは程遠いところで悪あがきしているように私には思えます。

本当の「常」を手に入れたければ、年を取るのは当たり前と受け入れた上で、その中に変わらぬものを見つけることです。無常の中に常を見出す。なかなか難しいことですが、だから修行が必要なのです。

「楽」は、からだにもこころにも苦痛がなく快適なことをいいます。この世は楽か苦かと問われれば、だれもが「苦だ」と答えるのではないでしょうか。ウイルスが蔓延し、各地で災害が頻発する。経済的にもひっ迫する。年を取って認知症になる。苦の種はいくらでも見つかります。そんな中に楽をどう見つければいいのか。

苦を楽に変えてしまう何かを探す――それが「楽」への道ではないでしょうか。

「我」はどうでしょうか？　我というと「我が強い」とか「我がまま」とか、あまりいい意味では使われません。しかしここでは「本当の自分」のことを指しています。

本当の自分とは何でしょうか。本当の自分とは、世間や組織の常識にまみれる以前の自分、世俗知で鎧を着る前の自分のことではないでしょうか。

次が「浄」です。浄とは、汚れのない浄《きよ》らかな状態です。仏教ではこの世は不浄だらけだとしていて、その代表的なものが「死」です。死をどうとらえるかが重要になってきます。あえて死を歓迎する必要はありませんが、折に触れて死について考えてみることが大切です。だれもがいつかは死にます。自分はどういう死に方をしたいのか、たまには想像してみてもいいのではないでしょうか。死んだらどうなるのか、死後の世界にも思いを馳せてみると、死は不浄ではなくなります。変化があり、苦しみがあふれ、本当の自分が見えず、汚れや穢《けが》れであふれているのがこの世ですが、そんな中にいて「常楽我浄」を求めることこそ悟りへの道なのです。白隠さんも、そのために日々、厳しい修行に勤《いそ》しんだのではないでしょうか。

朝念観世音（ちょうねんかんぜおん）

暮念観世音（ぼねんかんぜおん）

文字どおり、朝起きたら観世音を念じ、夜は夜で観世音を念じましょう、ということです。朝にも夕にも、仕事のときも、遊びのときも、観音さまの教えを忘れない、ということです。

念念従心起（ねんねんじゅうしんき）

念念不離心（ねんねんふりしん）

「念念」というのは仏教用語で「一瞬一瞬」「時々刻々」「刹那刹那《せつなせつな》」といった意味です。「従心起」は、こころに従って起こす、つまりこころから唱えることです。それも、観音さまのこころに従うような気持ちで、誠心誠意、真剣になって唱えなさいということです。「不離心」。観音さまからこころを離さないとも読めますし、観音さまのこころから離れない、とも解釈できます。どちらにしても、自分自身が観音さまと一体になるのだという強い意志をもって、このお経を唱えることをいっているのではないでしょうか。

日常生活の中でも、常に観音さまを意識し、わずか一歩でも観音さまに近づこうとする努力があれば、さらにこのお経の功徳《くどく》は高まります。白隠さんはこのお経を一〇〇〇回唱えれば願いが叶うといっていますが、観音さまへの感謝の気持ちを込めて真剣に念じてこそ、奇跡的なことは起こってくるのです。

観音さまのパワー

私は、二十年来、毎朝たった一回ですが、大きな声で、こころを込めて『延命十句観音経』を唱えています。

つい最近のことですが、「観音さまとはどういう存在なのだろうか?」とふと気になり、考えてみました。観音像のような方がいるわけではないでしょう。限りない慈悲のエネルギーを観音像という形で表わしたのだと思います。

それにしても「観音」というのは不思議な言葉です。「音」を「観」る、とあります。私たちの感覚では、音は聞くもの、聴くものです。音を観るとは、どういう感覚なのでしょうか。

私が仏教についてよく参考にさせてもらっている内山興正《こうしょう》師（一九一二年〜一九九八年）の本を読むと、師はこんなふうにおっしゃっています。

師は曹洞宗の僧侶で、長年兵庫県にある安泰寺《あんたいじ》の住職を務められました。曹洞宗ですから坐禅が日課です。壁に向かって坐禅をしていると、庭を流れる川の音、鳥や虫の鳴き声、人の声、自動車の音などが耳に入ってきます。最初はそれを「聞く」わけですが、徐々に無我の境地に入っていくと、音はただ入ってくるだけ。聞いている感覚がなくなるというのです。音がある。五感を超えたところで音と一体になる。そんな境地に行き着くのです。

少しはわかる気がします。呼吸法や気功に集中していると、本当に一瞬ですが、音を音と感じない、景色を景色と感じない、不思議な感覚に包まれることがあります。これが「観る」ことかもしれません。意志や理屈を超えた大きな力に身を任せている感覚です。

観音さまは常にその境地にあり、いいも悪いも関係なく、ただ私たちの思いをすべて受け止めてくれる存在です。そして、その思いに答えを返してくれるのですが、観音さまの答えは必ず「慈悲」が前提になっています。観音さまの願いは、すべての生きものが幸せになることです。たとえば、Aさんの願いをかなえるためにBさんを不幸にするようなことはありません。Aさんの願いをかなえつつ、Bさんも幸せにするにはどうするか。そんなことを瞬時に判断できてしまうのだろうと思います。

観音さまのパワーのすごさについては、『観音経《かんのんぎょう》』に詳しく書かれています。『観音経』は、法華経の第二十五章の中にある『観世音菩薩普門品《かんぜおんぼさつふもんぼん》』のことです。

『観音経』はお釈迦さまの弟子が「観世音菩薩は、なぜ観世音と名付けられているのでしょうか?」と質問するところから始まります。

お釈迦さまは答えました。

「世界には数えきれないほどの人がいて、だれもが苦悩を抱えて生きている。一心にその名を唱えれば苦しみから救ってくれるのが観世音だ。衆生の音(声)を観じるという意味で観世音と名付けられた」

さらに、観世音にはどれほどの力があるかを説きます。これがすごいのです。

「大火の中へ突き落とされても、観世音菩薩のことを忘れなければ、焼かれることはない」

「大洪水に飲み込まれても、観世音菩薩の名を称《たた》えれば(こころに念じ、その名を口に出して言えば）、たちまち浅いところに逃れることができる」

「宝物を求めて大海にこぎ出した船が暴風雨にあって船が漂流し、羅刹国《らせつこく》（人を食らう悪鬼の国）にたどり着いても、その中のひとりでも観世音菩薩を称えていれば、全員が助かるだろう」

「今まさに斬り殺されたり殴り殺されそうになったとき、観世音菩薩を称えれば、刀や棒がバラバラになって救われるだろう」

「世界に満ちている夜叉羅刹《やしゃらせつ》（悪鬼）がやってきて人を苦しめ悩ませても、観世音菩薩の名を称えれば、危害を加えられずにすむだろう」

SF映画の一部みたいですが、どんな苦難に遭遇しても、観音さまに助けを求めれば救われる、とお釈迦さまが言っているのです。

ほかにも、

「貪欲《とんよく》（ほしいものに執着する）」

「瞋恚《しんに》（怒り、憎しみ）」

「愚癡《ぐち》（真理に暗く無知なこと）」

という、人を仏から遠ざける原因となる三毒からも離れることができるとか、願えば良い子が生まれるといったことまで、ありとあらゆる苦悩から人を救ってくれるのです。

観音さまは虚空である

観音さまのことを調べていくうち、あることがひらめきました。

常日頃、私は直観やひらめきをとても大切にしています。直観というのは観音さまのお力かもしれません。「こういうことを知りたい」と問いかければ、観音さまは直観やひらめきとして答えを返してくれるのではないでしょうか。

「……観音さまとは虚空のことではないだろうか」

それが私のひらめきでした。

虚空は仏教用語で、「何も妨げるものもなく、すべてがそろっている空間」のことをいいます。私たちには想像もつかない力をもっていて、不可能なことが何もない――それが虚空です。『観音経』に書かれている観音さまの力は、虚空の力と読み替えても理解できます。

白隠さんはその生涯、弟子たちに「虚空と一体になれ」と言いつづけました。自分自身も虚空と一体になることを目指して修行したのだと思います。虚空と一体になるとは観音さまになることです。それこそが最高の悟りの境地ではないでしょうか。

そんなひらめきを経験して以来、私は、虚空こそいのちの故郷だと考えるようになりました。私たちのいのちは虚空からやってきて虚空に帰っていく、そんなふうに考えるようになったのです。

観音さまは、私たち衆生を慈悲のこころをもって救ってくれるありがたい存在です。白隠さんは数々の天変地異に襲われた大変な時代を生きました。そんな中で彼が願ったのは、虚空と一体になることで自分自身が観音さまになって、衆生を救うことだったのではないでしょうか。だから、必死になって修行を続けたのです。しかし、自分では力不足であることが見えてきます。いや、決して力不足ではないのです。生きたまま観音さまになるのは、どんなに厳しく修行をしようが簡単にできることではありません。

白隠さんは、少しでも観音さまに近づこうと死ぬまで努力しました。そして、自分では足りない分を、『延命十句観音経』で補おうとしたのではないでしょうか。観音さまの力を借りて、衆生を救うという願いをかなえようとしたのです。

白隠さんはこのお経の中に虚空を見たに違いありません。

「観音さまは虚空のことだ」とひらめいた瞬間、私は興奮しました。

このお経がとても身近になり、重要なものとなったのです。今では、『延命十句観音経』を唱えるたびに、虚空と意識が繋がるのを感じます。私にとってなくてはならないものとなったのです。

生きとし生けるものすべてが虚空

観音さまが虚空であるというのは私の勝手な解釈です。これまで立派な仏教学者や僧侶の方が『延命十句観音経』のことを解説してくださっています。それに異論があるわけではありませんが、このお経に思い入れをもてばもつほど、自分目線で見つめてみたくなったのです。その点はご容赦いただければ幸いです。

私なりの訳を紹介します。

観世音　　　虚空を観じ
南無仏　　　仏道に帰依する
与仏有因　　仏と因あり
与仏有縁　　仏と縁あり
仏法僧縁　　仏法僧の三宝を身につけて
常楽我浄　　常に楽しみ我さわやか
朝念観世音　朝に念ずる虚空のいのち
暮念観世音　夕に念ずる虚空のいのち

念念従心起　一瞬一瞬虚空を観じて
念念不離心　一瞬一瞬虚空と一体になる

どんなものでしょうか。

『延命十句観音経』を読んでいると、次のようなストーリーが私の頭の中に浮かんできます。

虚空は母親のように私たちを慈しみ愛してくれます。どんな願いもかなえてくれるすごい力をもっています。ですから私たちは力を抜いて、虚空の意志に従って生きていればいい。それが幸せへの道です。

私たちは皆、虚空のエネルギーの一部で、すい星のように空を流れ落ちて地球にやってきました。地球という惑星で数十年を過ごすことで、さらにレベルアップして虚空へ帰ります。いずれは観音さまと一体となって衆生を救うという使命をもたされているのです。

地球というのは誘惑の多い惑星で、成長しようとする私たちの足をいつも引っ張ります。自分さえ良ければいいと思ったり、嘘をついてでもお金儲けをして欲望を満たそうとする人がたくさんいます。そんなことを続けていると、いのちのレベルが下がって、ずぶずぶと泥沼にはまってしまいます。

地球は、甘い誘いにこころが揺れながらも、目的を忘れずにしっかりと修行をする場所です。誘惑に負けないで成長することが地球にやってくる目的なのです。

誘惑に負けて利己的に生きるか、誘惑に負けずに利他的に生きるかは、自ら選択することができます。地球での生き方を間違ってしまうと、虚空に帰れなくなり、輪廻転生という形でまた地球の生活をすることになるのです。たった一回きりの地球体験で、虚空に帰れる人は少ないかもしれません。ある人生では欲に負けて堕落し、別の人生では失敗をしてつらい思いをするなど、何度も生まれ変わって何度も人間を体験するうちに、ようやく自分が何をしに地球へ来たのかを思い出し、成長して虚空へ帰ることができるのです。

虚空という大いなる存在があることを知った上で、いのちの法則に則《のっと》って、仲間との縁を大切にし、助け合って支え合って生きることこそ、観音さまの道なのです。虚空が私たちに望む生き方です。

仲間を大切にするといっても、自分に都合のいいものとだけ仲良くするのでは失格です。慈悲というのは好き嫌いを超えたものです。

たとえばがんやウイルス、病原菌と仲良くなりたいと思う人はいるでしょうか。近づいてほしくないと思うかもしれませんが、すべてが虚空を故郷として、地球で修行する仲間ですから、むげにもできないのが虚空の法則です。

今の医学はがんやウイルスを悪者として、手術で切り取ったり、薬で殺そうとします。もちろん、そうしないと自分が死んでしまうのでやむを得ない部分はあるとしても、あまりにも人間が自己中心的になりすぎると、がんやウイルスの居場所がなくなり、人間に敵意をもって暴れることもあります。

がんやウイルスときちんと棲み分けをすれば、猛威を振るうことはないはずです。共生することが虚空の基本です。がんやウイルスが共生のシステムを破ったのではないはずです。人間が彼らの領域に足を踏み入れ、彼らが静かに暮らしているところを荒らしてしまったことで、さまざまな病気は起こっているように私は思います。

熊やイノシシが人家の近くに現われ撃ち殺されたというニュースをときどき見ます。熊やイノシシが目の前に現われたら肝を冷やしますが、彼らが悪いわけではありません。もとはといえば、人間が彼らの住処《すみか》に足を踏み入れたため、森に食べ物が少なくなって、彼らも生きるためにいのちがけで人里に姿を現わしていることを忘れてはいけないと思うのです。

私たちは皆が観音さま（虚空）です。そのことを忘れず、観音さまとしてどう生きればいいのか、しっかりと考えないといけないのではないでしょうか。

私たちは、地球という惑星で肉体をもって生きています。さまざまな制約があります。

不自由さや不便さを感じながら生きています。しかし、そこにこそ成長のカギがあります。制約の中で何に気づくか、それが大切なのです。

いつも虚空を思いながら生きる

年は取るし、苦しみもあるし、自分の都合で物事は進まないし、死をはじめ不浄なことはたくさんありますが、すべてこの世の定めです。それを嫌がる人が多いけれども、当たり前のことととらえればストレスになりません。虚空では、私たちのいのちは「常に楽しみ我れ浄《きよ》し」という生き方をしてきました。

年を取ることをみじめだと感じたとき、苦しくてつらいと落ち込んだとき、なぜ思うようにいかないのだろうと悩んだとき、死に対して不安や恐怖をもったとき――そんなときこそ、虚空に思いを馳せるチャンスです。「どうしたらいいですか?」と聞いてみてください。「なんとかしてください」と願ってください。虚空はなんらかの形で答えをくれます。

そうやって、虚空とのパイプを少しずつ太くしていくのです。制約があるからこそ、苦悩があるからこそ、虚空を意識することができます。

さらに進めば、いつも虚空を思いながら生きられるようになります。『延命十句観音経』を唱えたり太極拳を舞うのも虚空と繋がる大事な方法ですが、それに加えて、仕事をしているときも、食事をしているときも、お酒を飲んでいるときも、お風呂に入っているときも、虚空を思うことによって虚空はより身近な存在になり、毎日がとても充実します。疲れを感じません。

私の場合、一日にいつも数十人の患者さんを診察します。ひとりの患者さんに短い時間しかとれません。それでも虚空を思って、どうしたら患者さんの願いをかなえられるだろうと真剣に考えます。

顔を見て、脈をとって、聴診器を当てて、お腹を触って、患者さんが安心して希望をもって帰れるように丁寧に診察します。厳しい状況の患者さんが多いのですが、それでも希望はゼロではありません。わずかな希望であっても、それが突破口になって、劇的な治癒に向かう人もいます。

こうした日々の生活の中にこそ、虚空と一体になるカギはあるのです。

だれもがやがては故郷の虚空へ帰ります。

虚空ではたくさんの懐かしい人たちが待ち受けてくれています。

「よくがんばったな。お帰り」

みんなが大歓迎してくれます。

ひょっとしたら、しばらく虚空で過ごしたあと、どこか別の星に修行に行くのかもしれません。そして再び故郷に帰ってくる。そんな旅を繰り返しながら、いのちは成長し、少しずつ少しずつ、観音さまに近づくのです。

未熟ではあっても、だれもが観音さまの分身です。観音さまが応援してくれないはずがありません。

虚空への道を自ら選ぶ

敬愛する仏教学者の故鎌田茂雄先生から『延命十句観音経』の話をお聞きしたとき、「『延命十句観音経』は大声で唱えないといけません」とのアドバイスをもらいました。それまでの私はずっとこころの中でつぶやくように唱えていましたが、鎌田先生にいわれて以来、腹に力を入れて、気持ちを込めて、大きな声で虚空に響かせるように唱えるようになりました。虚空が打ち震えるほどの強い思いを、自分の声に乗せて届けるのです。

虚空は裏切りません。だれよりも私たちの幸せを願ってくれています。最高の答えを返してくれます。すばらしい存在ですから、大いに頼ればいいのです。

虚空の存在がすとんと腹に落ちたとき、人は物事に動じなくなるのではないでしょうか。

悟りの境地です。ただ、白隠さんでさえ、死ぬまで地獄の恐怖から逃れられずにいましたから簡単なことではありません。私などまだまだ。おどおどびくびくしながら、いのちのエネルギーを高めようとしています。

願い事があるなら、どうしてほしいのか、何が悩みなのか、それをきちんと観音さまに伝え、今日は○回唱えますと宣言してから始めるといいといわれています。決まったやり方はないと思いますので、自分なりの繋がり方を工夫してみてください。

私の願いは「虚空と一体になること」。それを願って毎朝『延命十句観音経』を唱えています。簡単に実現する願いではないことはよくわかっています。しかし、白隠さんを知ればほど、そう願わずにはいられなくなります。

白隠さんは地獄の恐怖から逃れるため、厳しい修行をし、修行のしすぎで難治の重病になって倒れたことがあります。生きるか死ぬかのぎりぎりのところまでいったようですが、「内観の法」という一種の呼吸法を伝授されて、見事に病気を克服しました。

自分の経験をもとに、厳しい修行で病に倒れる弟子たちにも内観の法を指導しました。

「この方法で治らなかったら老僧《わし》の首をもっていくがいい」

苦しんでいる弟子たちに向かってそう言いきりました。絶対に治してやるという迫力です。

白隠さんの言葉どおり、内観の法を実践した大半の弟子は全快しました。みんな大喜びです。

白隠さんがここで、こう言います。

「弟子たちよ、病が全快したからといってそれで満足してはいけない。治ったらますます参禅に励むがよい」（『夜船閑話《やせんかんな》』）

ここまでなら普通の師匠でも言うでしょう。その次に出てくる言葉に私は胸を打たれました。

「ただ生きているだけならば、愚かにも死骸の番をしている幽鬼のようなものではないか。これでは、古狸が穴の中で眠りこけているようなもので意味がない。

生まれたからには、いくら生きても最終的には死ぬのだ。葛洪《かっこう》、鉄拐《てっかい》、張華《ちょうか》、費張《ひちょう》などという仙人がいくら長生きしたからといって、それらの仙人を現在見ることができようか。長生きしたとはいえ、やはり、皆、死んでいくのだ」

そう諭した上、ここから名言が発せられます。

「虚空に先立って死なず、虚空に遅れて生まれないというほどの、不生不滅であって、虚空と同じ歳といった境地、不退堅固《ふたいけんご》の真の仏法の姿をこの身をもって体現しようではないか」

病気が治るとか治らないとか、生きるとか死ぬとか、そんなことはささいなことだ。どんなに偉い人でも肉体は必ず滅びる。長生きすることが我々の目的ではない。我々が相手にするのは肉体ではなくいのちだ。いのちは不生不滅。いつまでも続く。病気になったくらいでへこたれてどうする。我々のいのちは虚空の一部だ。それをしっかりと腹におさめて、生きながらにして虚空と一体になるのだ。それが真の仏法だ――。

こう檄《げき》を飛ばしているのです。

読んでいるだけで鳥肌が立ちます。もし、その場に居合わせたら、涙があふれ出たかもしれません。瞬時に、大きな悟りを得られるような強烈な言葉です。

この場面を読んで、私は「虚空と一体になる」と決めました。

どれだけかかれば虚空と一体になれるのでしょうか。今生《こんじょう》では無理でしょう。あちらの世界に行ってから目指すことになりそうです。遠くに豆粒のように見えるかどうか――という目標です。雲をつかむような話です。しかし、決めたからには進むしかありません。まず一段。そしてまた一段。慌てずに上っていきます。生きている間に少しでも近づいておきたいのです。

ホリスティック医学はこころのバックボーン

今の私にできることは、生老病死《しょうろうびょうし》を超える、さらには死後の世界まで相手にする「ホリスティック医学」を広げることです。

西洋医学は局所を見ます。それがどんどん細かくなって、部位と部位との繋がり、全体と局所の関係が見失われてしまいました。そこに危惧の念をもって私は中国医学を治療に取り入れたのですが、ホリスティック医学はもう一歩先を行っていて、からだばかりではなく、こころやいのちも含めて人間を見ようというものです。医学の役割は病気を治すことです。しかし、白隠さんがいうように、病気が治ったからといって満足するのではなく、そこからさらに踏み込んで、「いのちとは何か」までを突きとめるだけの志がないと、いい医療は実現できません。それができるのはホリスティック医学だけだと思います。

ただホリスティック医学はまだ方法論すら完成しておらず、霧の中にいる状況で、なかなか思ったようには進みません。それでもやむにやまれぬ思いを抑えることができず、私たちは日々、悪戦苦闘しています。私の頭の中にはいつもホリスティック医学があります。我が人生のバックボーンとなり、生きがいとなっています。

日々のルーティンで生の総仕上げをする

そんな暮らしの中で、日々ルーティン化していることがあります。これを続けることで、歯車がわずかずつ動いて、ホリスティック医学に近づくような気がします。

ひとつ目が気功です。ホリスティック医学の柱となるものだと確信しています。私は太極拳が好きで、早朝にひとりで道場へ行き、一回だけ気持ちを込めて舞います。週に何度か、患者さんたちと一緒に気功をします。また全国各地で開催する「場の養生塾」で参加者と一緒に太極拳を舞うのはとても楽しみです。

四十年近く太極拳を続けていますが、実のところまだまだ未熟です。私の師匠である楊《よう》名時《めいじ》先生は達人でした。私が生きている間に先生のあの域に達することはできないでしょう。

とにかく、私の生活に気功と太極拳は欠かせません。生活の一部になりました。

ふたつ目が『延命十句観音経』です。白隠さんからの流れで唱えはじめてすでに二十年以上になります。漢方薬の大家だった長沢元夫先生が「白隠さんは『延命十句観音経』のことを語りはじめたことで唯物論を脱した」という話をしてくださったことがありました。唯物論だったかどうかは別として、白隠さんが虚空をしっかりと意識したのは『延命十句観音経』からではなかったでしょうか。

いのちのエネルギーが宿る場所を丹田《たんでん》といいます。へその下あたりにあるとされています。ここを意識して唱えていると丹田が破裂して三千世界《さんぜんせかい》と一体になる――と白隠さんは書いています。三千世界とは虚空のことと考えていいと思います。私は、それを体験したくて、ずっとこのお経を唱えつづけています。

気功や『延命十句観音経』によって私はいのちのエネルギーを日々高めています。ホリスティック医学の目的はいのちのエネルギーを最大限に高めて、猛烈な勢いであの世へ飛び込んでいくことです。人によって方法はそれぞれ違うでしょうが、私にとってはこの二本の柱を続けることが、ホリスティック医学の実践なのです。

そして三つ目、欠かせないのが晩酌です。一日を目いっぱい働き、夕方六時半になったら湯豆腐や刺身を肴に一杯飲みます。全速力で走って、ハーハーいいながら、その日のゴールにたどり着いての一杯のビール。何にも代えがたいときめきです。これで死んでもいいと思って一日を終えます。

ホリスティック医学の重要なテーマのひとつに「死」があります。

私は「今日が最後の日」だと思って毎日を生きています。晩酌は生の総仕上げであり、死への入口です。その酒は格別です。日々、死を体験すること。それがホリスティック医学における私の晩酌の位置づけです。

ホリスティック医学という目標があり、その先に虚空と一体になるという大目標があります。気功と『延命十句観音経』でいのちのエネルギーを高め、仕事を終えたあとのお酒で一日を生ききった喜びを爆発させる。このルーティンでホリスティック医学をたぐり寄せ、虚空へと近づくつもりです。

（第三章）

白隠さん

ひょんな縁から空手を

私は小学生のころはからだが小さくて、相撲をとるとぼーんと突き飛ばされ、すぐに尻もちをついていました。悔しくて何度もぶつかっていくのですが、からだの大きい子にはかないません。

「強くなりたい」

その一心で柔道を習いました。一所懸命に稽古に励みましたが、「小よく大を制する」は、夢のまた夢でした。

「からだの大きな人に勝つにはどうしたらいいか」

中学を卒業するまで、いかにして強くなるかで頭がいっぱいでした。高校へ入ると川越から東京へ通学。映画に夢中になり、池袋の映画館に入り浸っていました。武術からはすっかり遠ざかっていました。

大学へ入学して、ひょんな縁で空手を始めることになりました。空手は組み合うこともないので、小さくても力ずくで組み伏せられることはありません。大きな相手に対しても対抗する手段があるのです。

入学した当時の東大では二年間の教養課程のあと、学部に入るための試験がありました。

教養課程の二年間、入学してほっとしたのか、私はまったく勉強をしませんでした。映画館通いは相変わらずです。夏目漱石の『三四郎』が大好きで、何度も読み返しました。東大へ入ろうと思ったのも高校時代にこの小説を読んだからです。三四郎の生き方にあこがれ、彼を取り巻く野々宮宗八や里見美禰子《みねこ》といった登場人物がとても魅力的で、小説の舞台になった場所を三四郎になったつもりで歩き回っていました。教養課程のあと医学部を受験しましたが、見事に落ちてしまいました。

「医学部でなくてもいいさ」

なにがなんでも医学部というこだわりはありません。そもそも医者になろうという動機は自慢できるようなものではありませんでした。

「人と話さなくていい仕事はないだろうか」と小学生のころからずっと考えていて、わが家に往診に来た医者が黙って診察をし、ろくに話もせずに薬だけ置いて帰っていくのを見て「これだ」と思いました。

診察室の入口に「先生に話しかけないでください」という、今ではあり得ない威圧的な看板がかかっている医院もありました。

「医者になれば話さなくていい」

子どものころから人と話すのが苦手だったので、そんな理由で医者という職業に希望を見出したのです。医者という仕事の最大の魅力は人としゃべらなくていいこと。「志」など一かけらもありませんでした。

そんな軟弱な大学生だったので、医学部を落ちたあと軽い気持ちで定員割れしていた教育学部の心理学科へ進みました。ところが、私に子どもの相手は向いていないこと、人には適不適があることをこのとき痛感させられました。

「やっぱり医学部へ行こう」

思い直して、今度は真剣に受験勉強に取り組み、医学部に入ることができました。うれしいというより、ほっとしたのを覚えています。あのまま教育学部にいたら今ごろ何をやっていたでしょうか。

医学部に入ると、すぐ新入生歓迎会がありました。

「おい君」

隣に坐った男から声をかけられました。その場に不釣り合いな、何とも時代錯誤のバンカラ男です。足元に目をやると高下駄。何ものだろうと警戒しました。

「空手をやらんか」

名前も名乗らず、私のほうをじっと見つめて太い声で言いました。迫力のある目でした。

「こいつ、できるな」

剣豪の雰囲気がありました。強くなりたいという思いが再燃している時期でもあり、空手をやることに異存はありません。その場で「やります」と返事をしました。

その男は、登政和《のぼりまさかず》といって空手部のエースでした。空手に熱中しすぎて二年浪人して医学部に入ってきた猛者《もさ》。私好みのバリバリの硬派です。

私はすぐに空手部に入部し、医学部の学生だけの「鉄門《てつもん》空手クラブ」を登と一緒に結成し、仲間集めに奔走しました。順天堂大学医学部の教授を長く務めた細田泰之も仲間のひとりですが、彼とは今でもときどき会って、お酒を飲みます。

毎年、医科大学の対抗戦がありました。わが空手部はいつもいいところへ行きました。優勝したこともあります。大黒柱の登がいたからです。

団体戦は一チーム五人で、三勝すれば勝ちです。私は先鋒《せんぽう》として初戦を戦いました。先鋒の戦い方次第でチームの雰囲気が変わります。勝てば一番いいのですが、負けるにしてもチームが盛り上がるような戦いをしないといけません。

団体戦ですから全員が勝つ必要はありません。目標は二勝二敗で大将の登に回すことです。そうすればもう大丈夫。登が負けることはまずありませんでした。

彼もすでに鬼籍《きせき》に入りましたが、長く外科医として医療の第一線で大活躍しました。空手に情熱を燃やし、医者としても充実した日々を送りましたから、満足してあちらの世界へ行ったのではないでしょうか。

強くなりたいという子どもっぽい動機で始めた空手でしたが、振り返ってみると、強くなりたいと願ったことも、その手段として空手をやったことも、その後の私の人生に大きな影響を与えることになりました。

「与仏有因　与仏有縁」

と『延命十句観音経』にありますが、空手が「因」となり、その後のさまざまな「縁」があって、呼吸法、白隠さん、中国医学と西洋医学の結合、ホリスティック医学へと繋がっていくのです。

すべてが大いなる力の計らいのもとに起こったことだと感じます。歓迎会で空手部のエースが私の隣に坐ったというのも不思議な縁です。私のこころを引きつけるタイプの男でした。声をかけられたときはドキッとしましたが、すぐに緊張も解けて自然に彼と話ができました。いったい、こうした縁の背後にはどんな力が働いていたのでしょう。

あの当時は普通の町医者になろうと思っていました。今のような人生になるとは夢にも思いませんでしたが、すでに道は決まっていたのかもしれません。何かに導かれてここまで来てしまった、そんな気がしてなりません。

東京大学空手部時代、「七徳堂」での練習。左が著者。この道場は現在、東京都の歴史的建造物に指定されている。

八光流柔術で「気」を知る

「縁」のことを考えてみます。縁によって導かれていると感じることは多々ありました。人生は縁で決まるのではないかと思います。

その一です。

医学部を卒業すると、新米医者としてどこかの医局に籍を置かなければなりません。新米の「新ちゃん」と呼ばれていました。東大病院の外科には、第一外科、第二外科、第三外科と三つの医局があって、私は第三外科に所属しました。第一、第二は、医局員みなさんがエリート然としていて、どうも好きになれませんでした。その点、当時の第三外科は本院から離れた場所にあり、それだけでも主流から外れているのは明らかで、医者たちもよれよれの白衣を着て、どこかうつむき加減に歩いていました。私好みの、かなしみが漂う雰囲気があったのです。タイミング良く、第三外科の医局長に声をかけられたこともあって、私もよれよれ白衣の仲間入りをすることになりました。

大学病院は医局ごとに教授を頂点にしたピラミッド構造が作られています。本流ではないとはいえ、その伝統は第三外科も例外ではありませんでした。よくテレビドラマや映画で、教授を先頭に、白衣を着た医師たちが病棟を練り歩くシーンがあります。まさにあのとおりで、私には、あの行列は医者が患者さんを見下ろす権威主義の象徴にしか見えず、ずっと反発していました。

「なんか違うよな」

空手部でも一緒だった細田泰之とよく話していました。目指すは町医者でしたから、大学に残って研究者になる気は私にはさらさらなく、教授の機嫌をとる必要もありません。教授の心証を害したら居心地は悪くなるでしょうが、「嫌われたら嫌われたでいい」と開き直り、自分のペースを崩さず、外科医としての技量を少しでも高めようと努めていました。

東大第三外科は文京区の音羽町。今では一部しか残っていませんが、大手出版社の講談社の裏のあたりにありました。自宅のある川越から池袋までは東武東上線で出て、池袋で都電に乗り換えます。ガタンゴトンと揺られながら護国寺前駅で下車します。のどかな時代でした。

都電は地下鉄と違って外の景色を楽しむことができます。ある朝、護国寺前駅が近くなったところで、真新しい看板が目に飛び込んできました。「八光流柔術」と大きく書かれていました。

「何だろう？」

「柔術」という二文字に私は敏感に反応しました。毎朝、下車駅の近くになると、その看板に目がいってしまいます。聞いたことのない武術でしたが、どういうものなのだろうと興味が膨らんできました。気になって仕方ありません。

「八光流柔術というのはどういうものですか？」

武術のことに詳しい空手部の先輩に電話をすると、彼は即座にこう言いました。

「八光流柔術には手を出すな、といわれている。それくらい強烈な武術だ」

何とも不気味な返答でした。一瞬おじけづきましたが、すぐに闘争心がめらめらと燃えてきました。ケガをしてはいけないので、医者になってからは大好きな空手もすっぱりやめていました。しかし、こころの奥底では、子どものころのコンプレックスがまだだくすぶっていたようです。

「この武術を習得できれば強くなれる」

そんな思いを抑えることができず、すぐ道場を訪ねました。

道場といっても、マンションの一室で、四畳の事務所と六畳の稽古場だけの狭いところです。突然の訪問者を迎えてくれたのは、「手を出すな」といわれているすごい柔術の使い手とは思えないきゃしゃな若者でした。

「この人が師範？　大したことないかもしれない」

そう思いました。しかし、外見だけで人を判断してはいけません。十分後、彼のすごさを身をもって体験することになります。

「八光流柔術とはどういうものか見学に来ました」

私が言うと、彼はにこやかに、何か武術をやっているのですかと聞いてきました。

「空手を少々」

「では、突くなり蹴るなりしてください」

狭い道場へ入り、彼は窓を背にして立ちました。私も空手の有段者です。もし、私の蹴りが命中すれば、彼のからだは窓を突き破って外へ飛び出し、大ケガをしてしまうでしょう。私が躊躇していると、

「遠慮なく」

彼は涼しい顔をしてこちらを見ています。やるしかありません。思いきって前蹴りを入れました。私の得意技です。

その瞬間、「痛い！」と思ったら、畳にたたきつけられていました。何が起こったのかさっぱりわかりません。

「どうやったのですか？」

しどろもどろになって質問しました。彼は笑っているだけで何も答えてくれませんでした。

あとからわかりましたが、私が蹴りを入れようとするや、彼は私の足を取り、瞬間的にその経穴《けいけつ》（鍼灸でいうツボのこと）から一気に気を入れるという神業のようなことをやったのです。その衝撃で私はたたきつけられたのです。

気は、中国医学では、生命の根源となるエネルギーのことをいい、気が不足したり滞ったりすると病気になる、とされています。気功は、宇宙から気を取り入れたり、滞った気をスムーズに流すことで健康を維持し、病気から回復させる方法のことです。気というと、人を癒すものだと思っていましたが、使い方ひとつで人を投げ飛ばすこともできるのです。

武術の気も癒しの気も、根っこは同じはずです。私は直観的に、八光流柔術は医療行為としても使えると理解しました。経穴や経絡を刺激するのですから、指圧や鍼灸と同じ治療効果が出るはずです。ただし一瞬とはいえ、受ける側はからだに激痛が走りますので、そのまま患者さんに使うことはできません。

私は八光流柔術が気に入り、すぐ入門しました。いかに瞬時にツボを攻撃できるか、時間があれば道場に通って稽古をし、自分の部屋にもサンドバッグを吊り下げてツボを攻撃するためのトレーニングをしたものです。

八光流柔術を習って、気や間合いといった、目に見えないものの大切さに気づくことができました。たぶんこれが中国医学に向かう大きな一歩だったと思います。

身体の内側に満ちているもの

若かりしころの私は、手術の腕を上げれば必ずがんは撲滅できる、撲滅してみせよう、と意気込んでいました。努力もしました。おかげで、まわりからも「上手だ」と褒められるくらいの腕前になりました。ところが、いくら完璧だと思える手術をしても、再発で病院に戻ってくる患者さんはあとを絶ちません。

「どうしてだろう？　病巣は取りきれているのに」

無力感にさいなまれます。屈辱です。落ち込みます。

そんなことの繰り返しでしたが、八光流柔術をやっているうち、少しずつ人間のからだに対する見方が変わってきたようです。なぜ思いついたのか不思議なのですが、ある日、のちの私の医療のベースになる考えが、頭に飛び込んできました。

「お腹の中は隙間だらけではないか」

からだの中に隙間があるのは当然のことなのですが、外科医は臓器ばかりを見ていて、臓器と臓器の間には目を向けません。

「この空間には何があるのだろう？」

そんなことは教科書にも出ていないし、だれも教えてくれません。

空気が入っていればレントゲンに黒く写りますが、そんなレントゲン写真を見たことがありません。真空だったら人体は圧縮包装みたいにぺしゃんこになるはずですが、たいていの人はふっくらとしています。内側の圧力が働いているに違いありません。

空気でもない、真空でもない……もうお手上げです。

答えはわからないものの、ぼんやりと見えてきたことがあります。推測ですが、臓器と臓器の間は気で満たされていてある種の場を形成しており、さまざまな情報が行き交っているのではないだろうか。病巣だけを見るのではなく、隙間に目を向けることで、病気との関わり方も治療法も違ってくるのではないだろうか。

「これで再発を減らすこともできるのではないか」

ときめきを感じました。

そこから中国医学を学ぶことになって、ホリスティック医学へと進んでいきます。大きな転機でした。

柔術の上達のために呼吸法を習う

「縁」その二です。

八光流柔術を習って十年ほどたち、私は都立駒込病院の外科医長になっていました。柔術の腕前はそれなりにレベルが上がったところで足踏み状態。壁にぶち当たっていました。

八光流柔術のコツは、臍下丹田《せいかたんでん》（へその下）の気を自分の指先や手に集め、相手のツボに触れるや一気に経絡に流すことです。これができると、相手は面白いように倒れます。しかし、いうのは簡単ですが、なかなかできるものではありません。十年選手にはなったものの、できたり、できなかったり。できないときのほうが多いくらいでした。

「さて、どうしたら上達できるだろう?」

がむしゃらに稽古をしてもうまくいきません。別の何かをやることで壁が破れるかもしれません。

世界のホームラン王・王貞治さんは、荒川博コーチの指導で真剣を使った練習をするようになってからホームランを量産するようになりました。合気道をやっていた荒川さんは、王さんに〝間〟を体得させたかったのだと思います。間を知ることで、王さんはピッチャーがどんな球を投げようと、タイミングを合わせられるようになったようです。開眼するきっかけは荒川コーチでした。

さて私にもだれか開運だるまのような人はいるのだろうか。これまで自力ではさんざんやってきましたが、この壁を破るにはどうやら他力が必要そうです。そんなことを考えているうち、〝他力〟が現われました。小石川高校で同級生だった小野章一です。

彼は体調を崩したことがきっかけで、「調和道丹田呼吸法」を習っていました。真っ正直な男で、やると決めたら、コツコツ愚直に取り組みます。半年で指導員になったといいますから、相当がんばったはずです。

「……呼吸法かあ」

武術と呼吸は密接な関係があります。柔道でも空手でも、息を吸いながら技をかけることはありません。重いものをもち上げるときでも、息を吸いながらでは力が入りません。意識してもしなくても、力を入れるときには、息を止めるか吐いているはずです。八光流柔術でも、相手を倒すときには息を吐きます。呼吸法とからだ、呼吸法と気。そこは深い関係にあります。

「上達のカギは呼吸法だ」

そう思うともう居ても立ってもいられません。小野に頼んで呼吸法を習うことにしたのです。この決断が良かった。呼吸法をきっかけに、私は白隠さんや『延命十句観音経』に向かうことになりました。

呼吸法で白隠さんを知る

調和道丹田呼吸法の創始者は、真言宗の僧侶だった藤田霊斎《ふじたれいさい》師（一八六八年〜一九五七年）。上半身をリラックスさせ、下半身の力を充実させる「上虚下実《じょうきょかじつ》」の姿勢で坐り、腹式呼吸によって吐く息とともに臍下丹田・腰脚足心《ようきゃくそくしん》に気を集め、自然治癒力を高めようという呼吸法です。

藤田師自身、生まれつきとても虚弱だったようですが、自らが考案した呼吸法を実践することで八十九歳まで元気に長生きされました。私が調和道丹田呼吸法を知ったときにはすでにお亡くなりになっていました。晩年は呼吸法を世界に広げるためにハワイに移り住まれたそうです。充実した一生だったのではないでしょうか。一度はお目にかかりたい方でした。

小野は日暮里にある延命院《えんめいいん》というお寺に通い、長允也《おさみつや》さんという指導者から習っているといっていました。小野は人懐っこいところがあって、長さんともよく世間話をしたようで、話の中に私のことも出たようです。

「長さんは鹿児島出身でね。帯津の空手部の仲間にも鹿児島の人がいると、登《のぼり》さんのことを話したら〝えっ〟ということになった」

小野がうれしそうに報告してくれました。なんと長さんと登とは、実家が隣同士の幼馴染らしいのです。これにはびっくりです。

偶然には意味があるといいます。それも、まったく違うルートでできた縁なのに、ふたりが幼馴染だったというのですから、見捨ててはおけません。

偶然には意味があるという考え方には私も賛成です。これまでも偶然によって、新しい道が決まったことはよくありました。登との出会いもそうでした。「長」さんと「登」、どちらも珍しい名字です。鹿児島に多いのかどうかはわかりませんが、ふたりの関係を聞いて、「これは調和道丹田呼吸法に引き寄せられたに違いない」と感じました。

しばらく延命院に通ったあと、正式に調和道協会に入会しました。本部は鶯谷にあって、そこで二代目会長である村木弘昌先生の指導を受けました。先生は歯科医であり内科医。歯科内科医院を開業していました。

村木先生は、生活すべてが呼吸法でした。お茶を飲んでいるときも、お酒の席でも、呼吸法の話ばかり。歩いているときも坐っているときも、常に呼吸法を意識していました。この村木先生の講話中に、白隠さんの話がいつも出てきました。というのも、調和道丹田呼吸法のルーツは白隠さんにあったからです。

藤田霊斎師は、体調を崩したときに、修行のために山ごもりをしました。数日や数週間というレベルではなく十数年もの間ですから、半端な覚悟ではありません。そのときに携えていった本が白隠さんの『夜船閑話《やせんかんな》』でした。

白隠さんは修行のしすぎで、精神的、肉体的に生死の境をさまようほどのひどい病を患ったことがあります。そのときに、ある仙人から秘法を伝授されました。今でいう「呼吸法」であり「イメージ療法」です。『夜船閑話』には、その方法が細かく説かれています。藤田師は、白隠さんが救われた秘法をベースに、さまざまな工夫を加えて、調和道丹田呼吸法を創り出したのです。

ですから、白隠さんなしに調和道丹田呼吸法は語れません。

村木先生はとつとつとした話し方をする方でした。失礼ながら、聞いているうちに眠気が襲ってきます。しかし、白隠さんの話になると、「おい、ここは大事なとこだぞ」と声を大きくし、白隠さんに背中を叩かれたように、聞く側はぱっと正気に戻るのです。

『夜船閑話』は何度も読み、白隠さんの迫力に圧倒されました。『遠羅天釜《おらてがま》』も私の愛読書の一冊です。『遠羅天釜』は武士から農民まであらゆる人が坐禅に親しめるようにと書かれた本です。

そうこうして私はどんどん白隠さんに魅せられ、それまで以上に集中して呼吸法に取り組みました。

「呼吸法にはいのちの本質がある。私にとっては、武術よりも呼吸法だ」

直観です。呼吸法なら医療にも応用しやすくなります。強くならなければならないというとらわれから解放された気がしました。しかし、武術をやってきたからこそ、この境地に達することができたのです。空手にも感謝、八光流にもありがとう、です。

スーパーマンであり人間臭さも

白隠さんとはどんな人だったのでしょうか。間違いなく、歴史に残るスーパー宗教者のひとりでしょう。すぐれた宗教者は、人間を超越したすごさが強調されがちです。白隠さんも並の人ではありませんでしたが、常に人間臭さが漂っています。私にはそこが魅力に感じられて仕方ないのです。考え方、生き方がとても柔軟で、力みを感じません。

常に一般民衆の立場に立って物事を考えていました。

世の中が不安であふれているとき、『延命十句観音経』を唱えると奇跡が起こるといいはじめたのも、一般民衆が簡単にできるものをと考えてのことでしょう。難しいお経を唱えなさいといっても、なかなか続けられるものではありません。かといって、「南無阿弥陀仏」「南無妙法蓮華経」は浄土真宗や日蓮宗などの宗派以外の人にはなかなかなじめません。そこで『延命十句観音経』をこころの支えとして広めようとしたのではないでしょうか。

白隠さんが著《あらわ》した『白隠禅師　延命十句観音経霊験記』（伊豆山格堂編　春秋社）には、とても信じがたい奇跡の数々が紹介されています。重病からよみがえったり、死刑を免れたり、死人が生き返ったという話もあります。その真偽は確かめようがありませんが、『延命十句観音経』を唱えたことがある方ならわかるかと思います。唱えているうちに、からだの奥からエネルギーがほとばしってきます。さもありなんと思わせるパワーを感じることがあるのです。

この先どうなってしまうのか途方に暮れている庶民にとって、簡単に覚えられる『延命十句観音経』は救いであり、希望になったはずです。いつも一般大衆の目線から物事を見られる白隠さんだからこそできたことです。

もちろん『般若心経』も人気のお経で、唱えている方も多いと思います。私も何度かトライしたことがありますが、せっかちな性分なのでなかなか続きません。その点、『延命十句観音経』はほんの数分で唱えられます。私にとってこれほどありがたいお経はありません。

白隠さんが弟子とお互いの出家について語り合ったことがあります。

「お地蔵さまのように、人の苦難を救いたくて出家しました」

弟子の言葉を、白隠さんはうれしそうに聞いていました。そして、こう答えました。

「お前さんの出家の動機はわしよりもずっと立派だ。わしはただ地獄への恐怖を逃れたい一心だった」

偉くなっても、悟りの境地に達しても、地獄の話におののき、何とか逃れたいと悪あがきをしたころの感覚をもちつづけた白隠さんに、私はあこがれるのです。

白隠さんは十五歳のときに静岡県の原（沼津市）にある松蔭寺《しょういんじ》で出家得度し、慧覚《えかく》と名付けられました。

白隠さんは生涯、このお寺を本拠地として活動しました。

余談ですが、私が『白隠禅師の気功健康法』（二〇〇八年　佼成出版社）という本を出版する際に、本を書くには白隠さんの〝場〟に身を置くべきだと思い、松蔭寺を訪ねました。そのとき、「ここへ来たことがある」と忘れていた記憶がよみがえってきました。一九七三年から約三年間、私は松蔭寺のある原から少し西へ行った蒲原《かんばら》という町の共立蒲原総合病院に勤めていたのです。任期を終え蒲原を去るに当たって、松蔭寺へ足を運んだのです。しかし、なぜ行ったのか思い出せません。もちろん調和道丹田呼吸法に出会う前のことで、白隠さんのことも何も知りませんでしたが、その後、白隠さんに夢中になるのですから、何かの力に呼び寄せられたのかもしれません。今、思い起こすと不思議なご縁です。

さて白隠さん、願いがかなって松蔭寺で出家したものの、修行は悩みの連続でした。先ほど『法華経』の中にある『観音経』の話をしましたが、そこには、『観音経』を唱えれば大火の中に突き落とされても焼かれることはない、洪水に飲まれても浅瀬に運ばれる、人食い鬼の世界にたどり着いても助かるなど、観音さまのすごさが書かれていますが、現実離れした話なのでなかなかピンときません。白隠さんも、こんなたとえ話ばかりで功徳があるのだろうか？　たとえ話の多いお経で悟りが得られるのだろうかと、お経を読むたびにもどかしさを感じ、疑問をもったに違いありません。

また、偉いお坊さんが賊に斬られて死んでしまったという話を聞いて、「どんなに修行しても地獄の苦からは逃れられない」と絶望することもありました。出家するよりも学問をしていたほうが良かったのではないかと後悔し、修行よりも漢詩と書道に力を入れた時期もあったようです。

二十歳のときに読んだ『禅関策進《ぜんかんさくしん》』という本の一節が、白隠さんの目を覚ましました。中国の慈明《じみょう》という和尚が、睡魔と戦うために自らの股にキリを刺して修行したという話です。

「これだ。これだったんだ」

そこまでの修行をしないと悟りは得られない。それでもまだ足りない。修行には終わりがない。「ちょっと修行をしただけで功徳がないと絶望したり、地獄の苦から逃げられないと嘆いてみたり、なんと情けないことだ」と白隠さんは発奮します。一心に修行をしようと決意をするのです。

とはいえ一直線に「悟り」にたどり着くはずがありません。白隠さんは、一歩進んでは挫折し、立ち上がってまた一歩進む。また挫折する。これを繰り返して、少しずつ少しずつ前進していきました。どんなことにも必ず挫折はつきまといます。それが節《ふし》となって、強くしなやかに生きられるようになるのではないでしょうか。成功物語に終始しない、そんな白隠さんの話が、私は大好きです。勇気をもらえます。

天災で路頭に迷う庶民を救うには

一七〇七年（宝永四年）、白隠さんは二十一歳。その春から半年ほど諸国を行脚《あんぎゃ》します。十月に松蔭寺へ帰ると、同月四日にマグニチュード8・9の大地震が日本列島を襲いました。東日本大震災がマグニチュード9・0で、日本の観測史上最大規模といわれています。東日本大震災を経験した私たちにはどれほど強烈な地震だったか想像できます。今でいうところの南海トラフ地震です。関東から九州までの広い範囲が大揺れし、津波が襲ってきました。たくさんの家屋が倒れ、流され、死者、ケガ人は数知れずの甚大な被害でした。さらに十一月二十三日、今度は富士山大噴火です。宝永大噴火、もっとも最近の富士山の噴火です。

松蔭寺は富士山から直線距離で25キロほど。ものすごい音と揺れだったに違いありません。石や砂も飛んできたことでしょう。見れば、中腹の右側の斜面から猛烈な勢いで噴煙が立ち上っていました。だれもが肝を冷やし、慌てふためいて逃げ惑いました。そんな中、白隠さんだけは本堂で静かに坐禅を組んでいたと伝えられています。

「早く外へ出ろ！」

兄弟子が叫びました。

「我がいのち、天に任せてある。運があれば助かる。さもなければ死んでしまっても本望だ」

白隠さんはびくともしません。父親も駆けつけ、外に出るよう必死で訴えました。

「捨て身の修行をしなくて何が成仏だ。安閑《あんかん》と坐禅していても何にもならない」

耳を貸そうとしません。

あっぱれな二十一歳です。地獄が怖くてたまらなかった人とは思えません。地獄を怖がったからといって臆病者と決めつけてはいけないのです。どんなにすごい人でも苦手のひとつやふたつはあるものです。苦手なことは、それを見ないようにするのではなく、しっかり自覚して糧とすればいいのです。地獄におののく自分を知って、何とか恐怖を克服したいと切望していたからこそ、いのちの危機が迫ってきても「ここでたじろいでどうする！」と自らを鼓舞し、平然と坐りつづけたのではないでしょうか。

「暫時《ざんじ》も在《あ》らざれば死人に如同《にょどう》す」

一瞬たりとも現実から目をそらせば、死んだ人と同じではないか。それでは生きる価値はなくなる。おろおろしようが慌てようが、現実を変えることはできない。これを真正面から見据えて、自分でどうするかを決めるしかない。厳しい現実であればあるほど、自分を見つけ、成長させるチャンスだというのです。迫力のある言葉です。白隠さんの並々ならぬ覚悟が伝わってきます。この覚悟の行動を「大憤志《だいふんし》」というそうです。私は白隠さんの言葉にはいつも圧倒されています。「よし、やるぞ」という勇気をもらえます。

この噴火はすごかったようで、その噴煙で、およそ100キロ離れた江戸の町でさえ昼間でも暗くてロウソクを灯さないと生活できなかったそうです。日照はさえぎられ、火山灰が降り注いで、作物もとれません。チリを吸い込んで人々は肺疾患で苦しみました。生活が破壊され、庶民は路頭に迷わざるを得なくなります。苦しい生活に耐えないといけません。何をもって彼らを救えばいいのか。荒れ狂う中で、白隠さんは自分に問いかけていたのではないでしょうか。

慢心という魔

ところが、これだけの覚悟をもって修行をしていても、簡単には悟らせてくれません。「慢心」という魔が近づいてきました。

富士山噴火の翌年、お堂にこもって坐禅を続けていたときのことです。夜が明けようとしていました。雑念が消え、こころが静寂に包まれました。遠くのお寺の鐘の音がかすかに聞こえたと思ったその瞬間、鐘の大音響が啓示のように耳に飛び込んできて、白隠さんのこころを揺さぶりました。

「やった」

手ごたえを感じました。自信と喜びが湧き上がってきました。

「悟ることができた！」

確信しました。それも、中途半端な悟りではないと白隠さんは感じました。

「三〇〇年来、自分のように痛快に悟った者はなかろう」

最高の境地にたどり着いたと有頂天になり、まわりの人が愚かに見えてきたのです。

この増上慢《ぞうじょうまん》の鼻っ柱を折ったのは信州飯山《いいやま》の正受老人《しょうじゅろうじん》という老僧でした。飯山に意気揚々と出かけていった白隠さんでしたが、「この穴倉禅坊主め」と老僧にののしられます。悟ったと思い込んでいるけれど、穴倉に入ってまわりが見えなくなっているだけだ、と正受老人はいいたかったのでしょう。


本来、白隠さんが生涯のテーマとした仏道修行には終わりがないはずです。私は「養生」を説いていますが、この世界も奥深くて終わりはありません。私は十数年前から「攻めの養生」が大切だといっています。

養生というと健康法のことだと思っている方が多いのですが、病気をしないで元気に生きるための養生を、私は「守りの養生」といっています。この対極にあるのが、攻めの養生です。

これは健康であろうと病気であろうと、いかにいのちのエネルギーを高めるかがカギです。がんで一年後に亡くなろうとも、その一年を精いっぱい燃焼できれば、攻めの養生からいえば成功です。元気で長生きしても、愚痴や不満ばかりをいっているような人は、守りの養生は合格でも、攻めの養生という面では落第かもしれません。

攻めの養生は死んで終わるわけではありません。死後の世界までそのテーマをもち越さないといけないのです。

白隠さんは間違いなく攻めの養生の人でした。しかし、大音響の鐘の音を聞いて、「悟った。これで良し」と思ってしまいました。落とし穴に落ちてしまったのです。

養生家《ようじょうか》でも「穴倉」にはまり込んでいる人はたくさんいると思います。ところが、ひとつ山を登れば次の山が待っています。残念ながら「これで良し」という段階にはだれもたどり着けないのです。

自分は悟ったつもりだったのに「穴倉禅坊主」といわれて、白隠さんもさぞかし悔しかったでしょう。最初抵抗するのですが、相手にされません。

あるとき、白隠さんは托鉢《たくはつ》に出ました。一軒の家の前に立っていると、老婆が出てきて、「うるさい」と怒鳴りつけました。それでも立ち去ろうとしない白隠さんを竹ぼうきで殴りつけました。打ち所が悪かったのか、白隠さんはその場で気絶してしまいました。

意識を取り戻した白隠さん。「ハッ」としました。老女の一撃で魔が退散したのか、猛烈に感じることがあったのです。正受老人がなぜ「穴倉禅坊主」とののしり、怒鳴りつづけるのか一瞬でわかりました。自分がいかに高慢ちきな愚か者であったか。修行というのは特別な境地を求めるのではなく、日常の中にある。そのことを、学もなく修行もしていない老婆が教えてくれたのです。

白隠さんは正受老人のもとへ戻りました。老僧はその姿を見て「よくわかったな」と褒めてくれました。

いかにすれば菩提心をもてるか

正受老人のもとでの八ヵ月間は白隠さんの人生の節目になりました。いのちのエネルギーが高まりました。しかし、人はレベルアップすればするほど、悩みや苦難に見舞われます。ハードルが高くなるのです。

「菩提心とは何か?」

白隠さんは悩みました。ある書物で「菩提心がなければことごとく魔道に堕す」という言葉に出会ったのがきっかけでした。魔道は地獄のことです。白隠さんがもっとも怖がっている地獄。せっかく出家して修行をしているのに、地獄に落とされたらたまりません。菩提心とは「悟り」を求めるこころです。老婆に竹ぼうきで叩かれて、修行は日常生活の中にあることに気づき、その先に悟りがあることを知りました。でも、何が「悟り」なのか？　どこへ向かっていけばいいのか？　ゴールがあやふやでは、正しく菩提心をもつことができないのではないか。

悟りを求めて修行しているのに、悟りが何かがわからない。漠然としたイメージでしかとらえられない。だから、鐘の音が響き渡ったくらいのことで悟ったと勘違いしてしまったのです。そんなことではいけない……。白隠さんは悶々としながら、自分の進むべき道を模索しました。そして、

「菩提心とは自らの安らぎのみならず、生きとし生けるものすべての安らぎを願うこころ」

という答えにたどり着いたのです。

自分だけの幸せを願っていては、本当の幸せは手に入りません。人間だけの幸せでもダメです。地球上のあらゆるいのち、全体が幸せであってこそ、自分という個が幸せになれます。個と全体は繋がっています。切っても切っても断ちきれません。全体の幸せを念頭に置いてこそ、自らのこころの安らぎは得られるのです。

禅僧は、本堂にこもって坐禅三昧《ざんまい》の日々を送ってしまいがちです。自分のこころは落ち着くかもしれませんが、一般庶民が飢饉や天災、貧困、病気などで苦しんでいます。地震や富士山の噴火で世の中は乱れに乱れています。人々は苦しい日々を耐えています。禅坊主がそれに目をつむっているようでは、いくら悟りを求めても得ることはできません。菩提心がないからです。

病に苦しむ白隠さんが悟ったこと

白隠さんが次に味わう苦難は「病気」です。

ストイックに悟りを求める白隠さんは、修行、修行の毎日を繰り返しました。ただ坐禅をするだけでなく、庶民の幸せを願って全国を回りました。しかし「過ぎたるはなお及ばざるが如し」。心身症を患ってしまいます。手足が氷のように冷えきって、耳鳴りがやまず、両脇に汗をかき、目は涙で濡れ、いつも不安で疲れが取れません。当時は「禅病」と呼ばれていましたが、今なら重度の自律神経失調症や、うつ病と診断されるのではないでしょうか。

このときに白隠さんは「内観の法」と「軟酥《なんそ》の法」に出会いました。

京都白河の山中にひっそりと住んでいた白幽子《はくゆうし》（生年不明～一七〇九年）という仙人から授

かった秘法です。

「内観の法」は丹田を意識した呼吸法です。これが今日の調和道丹田呼吸法のもとになりました。ここでやっと、私との接点が出てきました。

「軟酥の法」は今日でいうならイメージ療法です。

軟酥というのはバターに似た発酵食品です。これを頭の上に置いて、自分の体温でそれが溶けていくのをイメージします。溶けた軟酥は頭の中、肩、腕、肺や心臓、胃、腸を通って、全身にエネルギーを注ぎ込みながら流れていきます。私はがん治療にイメージ療法を取り入れていますが、このころにすでに同様の療法があったとは驚きです。

白隠さんは、十年近くこの方法をやりつづけて禅病を克服しました。何事も「継続は力なり」です。どんなすぐれた治療法でも、短い間に答えは出ません。今は、薬剤に慣れているので即効性を期待しますが、本来からだは、悪くなったのと同じくらいの時間をかけて良くなっていくものです。ときには薬も必要ですが、即効性だけを求めると治療法の選択を間違う、と私は考えます。

ここまでが白隠さんの前半生です。その後も厳しい試練がありましたが、進むべき道に迷いはありませんでした。「仏道修行」と「衆生の救済」の二本の柱で悟りの道をまい進していったのです。

弟子を救った言葉とは

白隠さんが虚空を意識したのはいつごろだったのか、『延命十句観音経』を広めたのは何歳くらいのときだったのかはわかりませんが、仏道修行の向かう先が虚空であり、衆生の救済方法が『延命十句観音経』だったのではないかと思います。

白隠さんのことを知れば知るほど、その迫力には圧倒されます。

白隠さんが松蔭寺の住職になり名声が高まるにつれ、たくさんの若者たちが弟子入りしました。白隠さんは弟子たちに厳しい修行を課しました。弟子たちは廃屋や壊れかけた寺社を借りて寝泊まりし、食べるものといえば菜っ葉に麩《ふすま》（小麦の皮や胚芽。主に家畜の飼料となる）。いつも空腹を抱え、夜は寒さに震えながら眠っていました。弟子への指導も容赦なく、罵倒《ばとう》、叱責《しっせき》、鉄槌《てっつい》は当たり前。見る者は眉をひそめ、聞く者は冷汗を流すほどでした。

「鬼神や外道《げどう》も、この様子を見れば涙を浮かべ手を合わせる」

といわれたほどです。弟子たちは例外なく、からだはやつれ、顔色も憔悴しきっていました。

過酷な修行のため、肺を病んだり、ひどい腹痛に苦しんだり、難治の重病になる弟子があとを絶ちませんでした。白隠さんは悩みました。厳しい修行は不可欠です。志ある若者を立派に育てることが人々を救い、世の中の苦を減らすことに繋がります。でも、病気で倒れては意味がありません。それに、かわいい弟子たちが病気で苦しむ姿を見るのはつらかったでしょう。

「どうすればいい？」

厳しい修行をしつつ病気にならない方法はないのか……白隠さんは二兎を追いました。真剣に求めれば、二兎であろうと三兎であろうと得ることができるはずです。

「これだ！」

ひらめきました。自分が禅病を克服した方法を伝授すればいいのです。弟子たちに懇切丁寧に諭すように「内観の法」を指導しました。

「参禅修行によって心火逆上《しんかぎゃくじょう》すれば、身心ともに疲れ、五臓の調和が乱れることがある。これを鍼・灸・薬の三つをもって治そうとしても、それはどんな名医であっても可能ではない。

しかしながら、私には『仙人還丹《せんにんげんたん》の秘訣』というものがある。弟子たちよ、試しにこれを修《しゅう》してみなさい。その効果が絶大なこと、雲や霧が一気に晴れて、天空が光り輝き出すようなものである」

師の言葉に弟子たちは歓喜しました。内観の法を実践したところ、大半の者が回復したのです。めでたしめでたしの結末なのですが、白隠さんは弟子たちに釘を刺します。その言葉が私のこころに響きました。深く、胸に沁み込んだのです。一瞬のうちに、私は白隠さんのとりこになったのです。

繰り返しになりますが、もう一度、かみしめてください。

「ただ生きているだけならば、愚かにも死骸の番をしている幽鬼のようなものではないか。これでは、古狸が穴の中で眠りこけているようなもので意味がない。生まれたからには、いくら生きても最終的には死ぬのだ。葛洪《かっこう》、鉄拐《てっかい》、張華《ちょうか》、費張《ひちょう》などという仙人がいくら長生きしたからといって、それらの仙人を現在見ることができようか。長生きしたとはいえ、やはり、皆、死んでいくのだ。

虚空に先立って死なず、虚空に遅れて生まれないというほどの、不生不滅であって虚空と同じ歳といった境地、不退堅固《ふたいけんご》の真の仏法の姿をこの身をもって体現しようではないか」

迫力ある言葉です。ここで「虚空」が出るのです。

この一文に出会って、私の内側からエネルギーがあふれました。涙が出るほどの喜びに包まれました。

――病気が治るとか治らないとか、生きるとか死ぬとか、そんなことはささいなことだ。

私たちは虚空からやってきて虚空に帰っていく存在だ。虚空はいのちの故郷。生きる目的は虚空と一体になること。生きながら虚空と一体になるくらいの覚悟をもって修行をしなさい――。

直《じか》に白隠さんの声を聞いたような気がしました。あの一瞬は、私にとっては一種の悟りだったと思います。

新たに見えた人生の目標

そのころ私は都立病院の外科医として、がんの手術に明け暮れていました。

「何とかがんを制圧したい」

それが私の願いでした。しかし、白隠さんの言葉を知って、「それでいいのだろうか?」という疑問が出てきました。白隠さんが禅病で苦しむ弟子たちに伝えたことをがんに置き換えればどうなるでしょう。

「がんを治すことをゴールにしてはいけない」

そんな言葉が浮かびました。がんを治すための努力はとても大切なことです。しかし、治すことに終始するのではなく、もう一段高いレベルから見る必要があるのではないか、と思い至ったのです。

郵便はがき

料金受取人払郵便

牛込局承認

6665

差出有効期間
2021年4月
20日まで
(切手不要)

1628790

東京都新宿区矢来町122
矢来第二ビル5F

風雲舎
愛読者係行

●まず、この本をお読みになってのご印象は？

イ・おもしろかった　ロ・つまらなかった　ハ・特に言うこともなし

この本についてのご感想などをご記入下さい。

〈愛読者カード〉

●書物のタイトルをご記入ください。

（書名）

●あなたはどのようにして本書をお知りになりましたか。

イ・書店店頭で見て購入した　ロ・友人知人に薦められて

ハ・新聞広告を見て　ニ・その他

●本書をお求めになった動機は。

イ・内容　ロ・書名　ハ・著者　ニ・このテーマに興味がある

ホ・表紙や装丁が気に入った　ヘ・その他

通信欄（小社へのご注文、ご意見など）

購入申込

（小社既刊本のなかでお読みになりたい書物がありましたら、この欄をご利用ください。送料なしで、すぐにお届けいたします）

（書名）　　部数

（書名）　　部数

ご氏名　　年齢

ご住所（〒　　-　　）

電話　　ご職業

E-mail

「人はいつか死ぬ存在」

白隠さんの言葉が頭の中を何度もぐるぐる回ります。がんが簡単に治る病気になったとしても、人には寿命があります。必ず死にます。交通事故かもしれない。がん以外の病気かもしれない。老衰かもしれません。

「皆の者、この秘要《ひよう》を励み勤めて怠らなければ、禅病を克服し疲労を取り去るのみにあらず、禅の修行が進み、抱きつづけた大疑《だいぎ》が忽然《こつぜん》として氷解し、手を打ち大笑するような大歓喜を得ることになるだろう」

私は一介の医者で白隠さんのような宗教者ではありませんが、いのちの本質を知ろうと願うのは医者であろうと宗教者であろうと違うはずがありません。私たち医者も、病気で苦しみ悩む人と接する中で目指すのは、白隠さんの境地なのです。がんを治すのみならず、がんを患った人が「手を打ち大笑するような大歓喜」を得られる医療を志すことこそ、医者になった醍醐味だと思います。

手術で病巣が取れて良かった――で終わるのではなく、がんになったのをきっかけに、生き方や考え方を見直すことこそ大切なのではないでしょうか。

そして、その先に虚空を見据える、つまりは、人は必ず死ぬことを視界に入れて、今だけにとらわれることなく、それでも今を精いっぱい生きることです。

「生きながらにして虚空と一体になる」

それです。

簡単にできるものではありません。私にとっても大きな目標であり、まだまだ手の届かないところにあります。しかし、一体になれないまでも、虚空を意識して生きることはできます。

私が『延命十句観音経』を唱えはじめたのは、いつも虚空に思いを馳せて生きていますよという、虚空への宣言、誓いだと思ったからです。

「朝念観世音　暮念観世音」

一瞬一瞬、虚空のことを観じています。

「念念従心起　念念不離心」

一瞬一瞬、虚空と一体になることを願っています。

（第四章）

大いなる虚空

虚空とは？

白隠さんのことを知ったことで呼吸法が面白くなり、夢中で稽古に通うようになりました。白隠さんがいった「虚空」のことが頭から離れません。「虚空とはどういうものだろう」といつも考えていました。

広辞苑で「虚空」を調べると、「（仏）何もない空間。そら。仏典では、一切の事物を包含してその存在を妨げないことが特性とされる」とあります。「幾千もの宇宙を包含する空間」と書かれた辞書もあります。

わかったようなわからない説明です。つまりは、私たちが宇宙といっている空間は虚空の一部でしかないことのようです。地球は太陽系の一部であり、太陽系は銀河系の一部であり、銀河系はもっと大きな宇宙の一部です。さらに、その大宇宙よりも大きな空間がある。それが虚空です。

虚空は何千何万もの宇宙を抱いているというのですから、想像も及ばない世界です。

白隠さんにとって、虚空はどんなイメージだったのでしょうか。

海の向こうにどんな国があって、どんな人が住んでいるのかもわからない時代でした。空を見上げながら果てしない無限の世界に思いを馳せるような人はまれだっただろうと思います。さまざまな苦難が押し寄せる中で、白隠さんは目先のことに振り回されず、幾千もの宇宙を包含する空間を感じとっていたのですから、そのセンスには驚くしかありません。

白隠さんの内的な世界には虚空が広がっていたのだと思います。この世に生きながら宇宙を感じる感性は、呼吸法や『延命十句観音経』を通して得られたものではないか、と私は思ったのです。そんな私にとっても、白隠さんの感じてきた世界の一部を垣間見るチャンスがありました。強烈な記憶として今でもはっきり残っています。

呼吸法を習いはじめて三年ほどたったころのことです。

当時の勤務先は都立駒込病院。食道がんを専門とする外科医として働いていました。術後だったり重症で目が離せない患者さんを常に抱えていて、病院に泊まることも日常茶飯事でした。調和道協会を訪ねる時間はなかなかとれませんでしたが、少しでも余裕ができると病院を抜け出し、鶯谷にある本部に向かいました。病院から山手線の田端駅まで徒歩で行き、鶯谷まで三駅。そこから本部まで歩き、三十分もあれば到着します。

目指すは夕刻五時ごろから始まる村木弘昌会長の講話です。そのあと呼吸法の実習があります。実習が終わったら病院に電話をして、何事もなければ村木先生らと近くの居酒屋で軽く一杯やり、また病院へ戻りました。

調和道丹田呼吸法のやり方

調和道丹田呼吸法は一種の腹式呼吸法ですが、ただ呼吸をするだけでなく、からだを前屈させたり伸ばしたりする動きがつきます。

からだを起こす、伸ばす、落とす、曲げるが基本動作です。

① ②

①前傾して、息を吐ききります。
②息を自然に吸いながら、上体を起こします。
③上体を伸ばします。このとき息を十分に吸い込みます。
④みぞおちを緩め、上体を落とします。
⑤前傾しながら、息を吐ききります。

これをリズミカルに繰り返します。この基本動作に加えて、手をみぞおちに当てたり、お腹を圧迫して呼吸をするなど、いくつものパターンがあります。

⑤　④　③

調和道丹田呼吸法

武術は相手の動きに即座に対応し、瞬時に次の動きを決めます。相手がどう動くかわからないので、筋書きのない緊張感があります。それが醍醐味です。

呼吸法は瞬間的な判断を必要としませんから、初めのうちは退屈だったし、物足りなく感じていました。ところが、続けているうちに、自分のからだの中に、丹田からじわーっと何かが広がっていくのを感じるようになりました。ふんわりとした温かさがあり、血流やリンパの流れとはまた違うのです。これが「気」というものなのかと、私は得体の知れない流れを味わいながら呼吸法を続けていました。

体験……!

あるときのことです。上半身を折り曲げて息を吐き、伸ばしては息を吸う動きをしていると、いつもと違う感覚がありました。〝真綿でくるまれる〟という表現がありますが、まさにそんな心地良さに包まれました。うっとりとしていると、急にからだが軽くなりました。ふわふわ気体になったような感じで、道場を超えて、東京を超えて、日本を超えて、地球を超えて、いつの間にか、はるか宇宙の中に浮いていていました。

光なのか闇なのか、音があるのかないのか、よくわかりません。自分の身に何が起こっているのかさっぱり理解できませんでしたが、ちゃんと守られているという感覚がありました。ですから、恐怖も不安もまったく感じませんでした。魂が肉体を抜け出す、世にいう「幽体離脱」というよりも、自分の意識がどんどん広がったといったほうがいいかもしれません。とにかくこれまでの経験や知識からは説明のしようがないのです。

「ここが虚空に違いない」

私は確信しました。〝虚空〟にいたのは一瞬のことだったのか、数分のことだったのか、まったくわかりません。いつの間にか、いつもの呼吸法をしている自分に戻っていました。このことはだれにも話しませんでしたが、うれしくてたまりませんでした。白隠さんが説いている「虚空」に行けたのです。あれほどの恍惚感は生まれて初めてです。こころはときめいていました。

「あの世へ行くのがあんなにも心地いいなら、死ぬのは怖くない」

臨死体験をした人がよくいいますが、私も同じように感じました。

「また行けるなら行きたい」

呼吸法が楽しみで仕方ありませんでした。その後、虚空へは何度か行くことができました。何ものにも代えがたい喜びの瞬間でした。その快感を求めて、私はますます呼吸法に夢中になったのです。

白隠さんが虚空を教えてくれた

白隠さんはあの世界をずっと観じつづけていたのだと思います。お経を読んだり、坐禅をするときはもちろんですが、生活全体に虚空が入り込んでいたのではないでしょうか。顔を洗うときも、トイレへ入って用を足すときも、食事のときも、掃除のときも、説法をするときも、散歩のときも、常に虚空を意識していたはずです。まさに虚空と一体になるための生き方でした。

だからこそ、『延命十句観音経』が白隠さんの中にズーンと響いてきたのだと思います。一日中いかなるときも虚空を観じ、虚空とともに生きる。そうすれば、不安も恐怖も減じていく。大地震が起こり、富士山が噴火し、食糧は不足し、病が流行り、多くの人が命を脅かされておろおろしています。そんなときだからこそ、目先のことにとらわれず、虚空を観じていたのです。だからひとりでも多くの人に虚空を観じてもらいたい。その手段が『延命十句観音経』であり、気持ちを込めて唱えれば虚空から救いの手が差し伸べられる、と説いたのでしょう。

虚空は観音さまです。悪人であろうと善人であろうと、無条件に慈悲のエネルギーを注いでくれます。どんな願いでもかなえてくれます。私たちはだれもが観音さまに守られています。そういう思いで虚空を観じればいいと思います。

白隠さん自身、幼いころに植えつけられた地獄の恐怖からはなかなか抜けきれませんでした。『延命十句観音経』は自分を救う手段でもありました。地獄への恐怖があるからといって、ただ落ち込む白隠さんではありませんでした。ここがすごいところです。恐怖があるからこそ、さらなる前進をすることができると考えたのです。一歩でも前へ進んだ自分を発見できたとき、大いにときめいたのではないでしょうか。

面白いのですが、私があれほどありありと虚空を体験したのは、あの時期だけです。それ以降は、呼吸法や太極拳をやっているときに、ふっと一瞬虚空がよぎることがある、その程度です。

あの一瞬は、「虚空とはこういうものだよ」と、天なのか白隠さんなのか、だれかが私に教えてくれたに違いありません。あの出来事がきっかけで、私は虚空のとりことなり、さらに虚空を求めて、中国医学、ホリスティック医学と進んでいきました。白隠さんに魅了され、虚空にこころを奪われ、私の進むべき道は決まりました。人との出会いもそうですが、私たちは何か大きな力に導かれて生きていると思えてなりません。

虚空ってどんなところ？

虚空についてもう少し考えてみます。虚空は仏教の考え方で、「幾千もの宇宙を抱いた偉大な空間」のことです。現代人は科学を重視するあまり、宗教的な考え方を軽視しがちです。虚空も空想上のものでしかないと思う人も多いでしょう。果たしてそうでしょうか。

「科学が遅れているから、まだわからないのです」

私はずっとそう言ってきました。証明できる世界がすべて……とする考え方は、科学のごう慢だと思います。たとえばその良い例が「気」です。気のエネルギーは、科学的な方法で計測できないという理由で「ない」とされてきました。気の正体は今でも明らかにはなっていませんが、その働きは少しずつわかってきて、その存在は多くの科学者も認めるところとなっています。

虚空も少しずつ科学で明らかにされつつあります。理論物理学という学問があります。

そこでいわれているのが「マルチバース（多元宇宙）」という考え方です。マルチバース理論では、幾千もの宇宙があるということが説明できるのだそうです。カリフォルニア大学バークレー校の野村泰紀教授は、「沸騰する湯の中に気泡が生じるように、もとの宇宙の中に新たな宇宙の泡ができる」とインタビュー（日本経済新聞）で語っていましたが、とてもイメージしやすい説明だと感心しました。虚空の中で、次々に宇宙が作り上げられては消えていくのです。

最先端にいる柔軟ですぐれた頭脳をもつ科学者たちのおかげで、科学が白隠さんの宇宙観に近づいてきたのです。とても感慨深く思います。

今では当たり前になった、地球が球体であることも、太陽のまわりを回っていることも、かつては異端の説で、だれも信じませんでした。たくさんの宇宙を包含する偉大な空間があることも、いつの日にか、当然のこととなるかもしれません。

「虚空ってどんなところですか？」

患者さんからよく質問されます。ひと言ふた言では説明できません。いろいろ考えた末、こんな答えを用意しました。

「自分にとってもっとも心地良くて気持ちが落ち着く場所をイメージしてください。そこが虚空に近いと考えればいいと思います」

私の場合はモンゴルの大草原です。モンゴルといっても、横綱・白鵬の故郷である外モンゴルではなく、私が二年に一度行ってエネルギーを充電してくる中国の内モンゴル自治区にあるホロンバイル大草原です。

初めて中国を訪れたのは一九八〇年でした。手術でがんを撲滅しようと張りきって治療に取り組んでいましたが、あるとき大きな壁にぶち当たって前へ進めなくなっていることに気がつきました。完璧だと思えるような手術をしても、かなりの割合の人が再発で病院に戻ってくるのです。

「西洋医学だけでがんを治せるのだろうか？」

そんな疑問が湧き上がってきました。データを調べてみると、医学の進歩が治療成績に反映されていないことがはっきりわかりました。

「西洋医学は病のある臓器を見るのに長けている。だけど、人間は単に臓器が集まってできているのではない。臓器と臓器には繋がりがあるはずだ。西洋医学に、繋がりを見る医学を併せればどうだろう」

繋がりを見る医学なら「中国医学」とひらめきました。すぐに東京都の衛生局へ行って、中国へ医学の視察に行きたい旨を伝えました。まだ自由に中国を旅することのできない時代でしたが、東京都と北京市が姉妹友好都市だったこともあって、思いのほかスムーズに話が進みました。

北京には十五日間滞在し、そこで鍼麻酔による手術を見てびっくりし、気功にも出会いました。気功を見た瞬間、「これが中国医学のエースだ」と心中に高ぶるものがありました。

さらに、「私のやってきた呼吸法も気功のひとつではないだろうか」と気功に親しみを感じたのです。

調身＝姿勢を調える。
調息＝呼吸を調える。
調心＝こころを調える。

これが気功の三要素です。この三要素がそろっていれば気功と呼んでもいいとされていました。私がやっている調和道丹田呼吸法も同じです。気功として通用します。

「これでいこう」

方向性が決まりました。これまでの西洋医学に、気功を柱とした中国医学をプラスした中西医結合医療に足を踏み入れたのです。その後、一九八二年には故郷の川越に帯津三敬病院を開設しますが、病院内に道場があるという前代未聞の病院にしたのは、気功をとり入れたかったからです。

私の虚空、ホロンバイル大草原

中国と縁も深まる中、一九八五年に、漢方薬の指導を受けていた李岩《りがん》先生に招かれ北京にある中日友好医院に行くことになりました。最初は北京だけで帰ってくるつもりだったのですが、思わぬ成り行きから、内モンゴル自治区ホロンバイル盟ハイラル市にある盟立病院へ行くことになりました。盟というのは内モンゴルの行政単位で、日本の都道府県に当たります。

何の情報もないまま、私は李岩先生に連れられて北京駅から列車に乗りました。列車に乗ってから、ハイラルまでは三十五時間かかると聞かされ肝をつぶしました。慌ただしい旅でしたが、これが楽しくて、内モンゴルでは長い付き合いとなる友だちも何人かでき、すっかり気に入ってしまいました。

大草原に虚空を観じたのは二度目のモンゴル訪問のときでした。

「草原の朝日が見たいものですね」

私がポツリとつぶやくと、若き外科医の孟松林《もうそんりん》さんがすぐに動いてくれました。知り合いのパオ（草原に住む人たちの住居）を借りてふたりで一夜を過ごしました。眠ろうとすると蚊に刺されます。トイレもありませんから、用を足すときには外へ出ないといけません。

「オオカミが出るかもしれませんから気をつけてください」

これには肝を冷やしました。

うつらうつらと眠っていると、「そろそろです」と孟さんに起こされました。草原の夜明けです。なんとダイナミックなことでしょうか。いきなりぱっと明るくなったと思ったら、あたりが急に黄金色に輝き出します。バリ島の朝日を見たことがありますが、あれとはまるで違う太陽が上がってくるのです。バリ島の朝日はゆらゆらとためらいがちに上がってきますが、草原の太陽は気持ちがいいくらい躊躇がありません。いきなり目がくらむような明るさに包まれます。すると背筋が伸びます。生きている実感で胸がいっぱいになります。今日もがんばるぞというエネルギーが湧き上がってきます。闇から光へ。このメリハリが私には快感でした。

さらに夕日も強烈です。空が真っ赤に染まります。司馬遼太郎さんが「モンゴル草原は天に近い」と『草原の記』(新潮社)に書いていましたが、空一面燃えるような赤色で、手を伸ばせば届きそうなのです。

虚空の見つけ方

私が感動したものがもうひとつあります。

私の虚空、ホロンバイル大草原で。

何度目かのモンゴルの旅のときでした。私は車の後部座席で不規則な揺れにからだを任せながら、緑が広がる草原の景色に見とれていました。こうして草原に身を置いているだけで気持ちが落ち着きます。

急に車が止まりました。大柄な運転手が早口で私に何やら話しかけました。隣に坐っている孟さんが「先生、空を見てください。雲がきれいだと言っています」と通訳してくれました。そういえば、運転手はずっと空を気にしながらハンドルを握っていました。草原ですから対向車もいないし、ハンドルを切りそこなっても事故にはなりません。大らかなものです。

運転手はさっさと車を降りて空をながめています。うれしそうです。私も孟さんにうながされて車を降りました。草原の空気を胸いっぱいに吸って、空を見上げました。

「雲のシンフォニーだ」

さまざまな形の雲が静かに流れていきます。運転手は草原に大の字になっています。孟さんも運転手の横に寝転がったので、私も立っているわけにはいかなくなり、ゴロンと大地に寝そべりました。

草のにおいがします。そして、青空と白い雲。雲は流れながら形を少しずつ変えていきます。空から音楽が降ってくるようです。大地からは低音が響いてきます。時折吹く風に、草たちがかさかさと音を立てます。気持ち良くて何時間でもそのままでいられそうです。

「どうして草原の空にはいつも雲が浮かんでいるんですか？」

モンゴルの青年に聞いたことがあります。モンゴルでは雲ひとつない空を見たことがありません。青年はうれしそうに答えてくれました。

「夜の間に草に宿った露が、日が昇ると一斉に空に上がって雲になります」

草に露が宿っていることが必要条件なので、草が青々としている季節でないと、雲のシンフォニーは見られません。私が行くのは通例七月ごろですから、ちょうどいい時期だったのです。

運転手に雲のすばらしさを教えてもらって以来、草原へ行くと空ばかりを見ています。だんだんと目も肥えてきました。

「青空をバックに立体的に見える雲がいい」

そんないっぱしのことを言えるようになりました。

「ここが虚空だ」

緑の大地で朝日や夕日に包まれ、雲のシンフォニーを見ていると、呼吸法をやっているときに垣間見た、あの虚空の記憶がよみがえります。呼吸法で見たのは色も形も音もない世界でしたが、もし絵にしろといわれたら、私は迷いなくホロンバイル大草原を描きます。

思い出すだけでも、大いなるいのちを感じます。幸福感に満たされます。

草原の友人たちはだれも気功なんかしません。最初はなぜだろうと思っていましたが、すでに虚空に住んでいるのですから、わざわざ虚空と交流するための動きなどしなくていいのです。

「虚空とはどういうところですか？」という質問があると、このモンゴルのすばらしさを伝えることにしています。そこが私にとっての虚空です。その上で、あなたにとっての大草原のような場所を探してみてください、とアドバイスします。南の島が好きだという人もいるでしょう。ダイビングで潜った海かもしれません。富士山の頂上だったり、砂漠の真ん中だったり、森の中だったり、人によって虚空のあり様は違っていいのです。

音楽に虚空を感じる人もいます。絵でもいいし、文学作品や詩でもいいし、食べ物かもしれません。とにかく、これ以上ないと思える感動を味わえる場所だったり物だったり芸術だったり。それぞれがその人の虚空の入口です。

呼吸法や太極拳をしたり、『延命十句観音経』を唱えるとき、私は頭の中にホロンバイル大草原を思い浮かべます。朝日のときもあるし、夕日だったり雲のシンフォニーの日もあったりとまちまちですが、頭の中に大草原が描き出されると、私は虚空と繋がります。

虚空からいのちのエネルギーをいただき、古くなったエネルギーを虚空に返すのです。

虚空から慈悲のエネルギーが流れ込む

虚空を知ったことで、呼吸法や気功は虚空と一体になるリハーサルではないかと思うようになりました。

私たちのいのちは虚空からやってきました。そしていつか虚空に帰ります。虚空はいのちの故郷です。私は、白隠さんを知り、虚空に魅せられ、ほんの一瞬でしたが虚空を観じることもできました。さらに、私の場合はたくさんの人が亡くなる瞬間に立ち会ってきて、虚空がいのちの故郷であると確信するようになりました。

ご臨終のあと、早くて一、二分、遅くても一時間ほどすると、みなさん例外なく、とてもいい顔になるのです。女の人はみなすばらしい美人です。そういう場面を何回か経験する中で、ハッと気がついたのです。あれは、この世でのお務めを果たして、これから故郷に帰る安堵の表情なのではないか、と。

故郷とはどこ？　……あっ、白隠さんの虚空ではないか！　死というのは生の果てにあるのではなく、童謡「ふるさと」にあるように、志を果たして、胸を張って生まれたところに帰る晴れやかなところなのではないでしょうか。どんな人生であろうと、何も恥じることはありません。故郷は温かく迎え入れてくれます。

手塚治虫さんも、亡くなった方の顔が変わることから死後の世界を確信した――と、『ぼくのマンガ人生』(岩波新書)というエッセイに書いています。

医学生だったころの手塚さんが初めて人の死を目の当たりにしたときのことです。教授や助教授の肩越しに患者さんの顔を見ると、がんの末期で生気を失った土のような顔色をしています。ところが「ご臨終です」と教授が言ったとき、患者さんの表情が変わったのを見てびっくりしたそうです。

「まるで仏様のような顔になった。それまでしかめっ面して、頬がやせこけてほんとうに見るのも哀れな容貌だったのが、一瞬ひじょうに神秘的な美しい顔になったのです」

そして、こんなふうに思ったそうです。

「死ぬときにこんなにほっとしたような顔をなさる。もしかしたら死というものは、われわれが頭の中で考えている苦しみを超越したものではないだろうか。何か大きな生命力みたいなものがあって、人間という肉体に宿っているのは、そのうちのごく一部の、一時の期間にすぎない。霊魂というか、生命体というものは、人間の体を離れたら、どこかに行ってしまうのではないか」

初めて死を見て、ここまで感じとれる感性は只ものではありません。こういうセンスがあったからこそ、その後、手塚さんは『ブッダ』『火の鳥』など、生と死をテーマにした作品をたくさん描くことができたのでしょう。

私は『延命十句観音経』の観音さまを虚空だと解釈しました。

観音さまは慈悲の仏さまです。真剣に願えばどんな願いだろうとかなえてくれます。善人だろうが悪人だろうが関係ありません。そもそも、仏の位まで上り詰めたにもかかわらず、自ら志願して一段レベルを下げて、人間と関わる仕事を引き受けたのが観音さまです。人の苦悩をなくすこと。これこそが観音さまの本願です。

虚空は観音さまです。幾千もの宇宙を抱く偉大な空間ですが、そこに属するすべてを慈悲で包み込んでいるのが虚空です。

どこまでも温かく見守ってくれているありがたい故郷を、私たちは現実生活に振り回されて忘れてしまっています。忘れてしまえば、繋がりは薄くなります。

呼吸法や気功をすることで、私たちは虚空との繋がりをより濃密にすることができます。

呼吸法や気功は健康法として広がっていますが、私にはそれではもったいないと思えてならないのです。せっかく虚空と繋がることができるのですから、そこを意識してやっていただければと思っています。

虚空と繋がれば、虚空の、ポテンシャルが非常に高い情報がこちらに入ってくる。こちらのゆがんだ情報が虚空へ行き、それを修正する情報が虚空から届く。そうやって、自然治癒力が高まります。自然治癒力は病気を予防したり治したりするだけではありません。その人がもっともいい状態になれるように導く力です。

自分なりの虚空をイメージすることで、虚空とのパイプが繋がります。パイプが繋がれば、慈悲のエネルギーがどんどん流れ込んできて、自然治癒力が大いに働きはじめ、病気が良くなるばかりではなく、あらゆることがいい方向に流れはじめるはずです。

白隠さんもこのことは十分に承知していたに違いありません。だからこそ、内観の法や軟酥の法で病気が良くなったと喜んでいる弟子たちを一喝したのです。

「病気が良くなったくらいで喜んでいてはダメだ。生きながら虚空と一体になることを目指せ」

日々、虚空を意識し、虚空と繋がれるように修行しろ。そうすれば病気が治ることなどたやすいことで、もっと大きな力を得て悟りの道も開けてくる。そう檄《げき》を飛ばしたのです。

病を治すことが目的ですか？

私は全国各地で「場の養生塾」を開催しています。いのちのエネルギーを高めるべく、太極拳をしたり参加者が体験をシェアする集まりです。さまざまな意見や質問が出て、私もたくさんの学びができます。あるとき、がん闘病中のひとりの男性がこんな質問をしました。

「私は、西洋医学ではもう治療法はないと言われたので、漢方薬や食事療法、それに免疫力を高めるサプリメントや気功もやっています。でも、なかなか良くなりません。もっとほかにやることはありますか。免疫療法がいいと聞きましたがやったほうがいいでしょうか？」

よくやっていると思います。彼のがんばりは十分に評価できます。しかし、その表情を見ると治療法のことで頭がいっぱいになっていて、思ったように効果が出ないこともあるせいでしょうか、かなり疲れているようです。そういう患者さんはたくさんいます。私はこう返答しました。

「治療法ばかりを増やすのではなく、一歩先を見て治療に取り組むといいと思いますよ」

「一歩先とはどういうことですか」

「がんを治そうとすることはとても大切ですが、がんが治ったら何をするつもりなのかも考えてみてはどうでしょう」

短いやり取りでしたが、彼は目をつむって考えこんでいました。

「そこまで考えたことがありませんでした。考えてみます」

そう言ってお帰りになりました。

こういうやり取りは他の患者さんとの間にもあります。この方と同じように目をつむって考え込む人がけっこういます。

がんと診断されれば、ほとんどの人がまずは「死ぬのではないか」と落ち込みます。そして、必死になって治療法を探します。早期がんなら標準治療（手術、抗がん剤、放射線）で対処できます。しかし、転移があったり、再発がんだと、治療がとても難しくなります。患者さんは病院の治療だけでは不安なので、質問した方のように、漢方薬や食事療法、サプリメントや気功などの代替療法を始めます。片っ端から本を読み、インターネットで治療法を検索します。最近は免疫療法が話題になっていますので、多くの人が取り組むようになりました。がんの患者さんの大半は何らかの代替療法をやっているはずです。

とにかくがんをいかに治すかで頭がいっぱいになっています。四六時中、頭の中はがんのことばかり。そして、ちょっとした体調の変化に一喜一憂し、検査の数値が良くなれば「よしっ」と気合が入り、悪くなればがっかりしてしまいます。進行しているがんですから、どうしても良くなったり悪くなったりを繰り返します。そのたびに喜んだり落ち込んでいては、どんな人でも疲れきってしまいます。

そんな人に「あなたはがんを治すために生きているのですか？」と質問すると、ハッとした顔をします。がんを治すことは目的ではなく、手段のはずです。にもかかわらず、実際には目的になってしまっていることに気づくのです。

手段は手段で大切ですが、目的があってこその手段です。目的がはっきりしていない手段は意味がありません。そこで、「がんが治ったら何をしたいのですか？」という質問が出てくるのです。

生きる目的を知ることで虚空と繋がる

がんを治すことばかりに集中するのではなく、なぜがんを治したいのか、生きる目的を考えることで、少しだけ虚空に近づくことができます。

「娘の花嫁姿を見ることが目的です」

すばらしいと思います。

「新婚旅行で行ったハワイへ、妻ともう一度行きたい」

立派な目的です。

「なんとしてでも治して、がんは怖くないんだと多くの人に知らせたい」

そういう志をもって治療に取り組む人もいます。

目的をしっかりもつことで、手段である治療にも力が入ります。がんを治すことをゴールにするのではなく、通過点にしてしまうのです。

健康な人であれ病気の人であれ、人生の目的はこうだとはっきりといえる人は少ないと思います。がんになったことは、目的をはっきりさせるきっかけになります。目的のない人生と目的のある人生と、どちらが充実した生き方ができるか、明らかです。がんは、充実した人生を築くきっかけになることがよくあるのです。

私の関わった患者さんの中には、がんになったことで人生が変わった人がたくさんいます。ずっと仕事人間だった人が、がんになったことで家庭を顧みるようになり、家族と楽しい毎日を過ごすようになりました。奥さんはとても喜んでいます。本人も楽しそうに過ごしています。

暇さえあればゴルフだった人が、このままじゃ生きてきた意味がないと、無農薬栽培にチャレンジしてどんどん農地を広げ、「こんなに面白いことはない」と泥だらけになって農作業に励んでいるという例もあります。

がんをきっかけに何がやりたいかを見直して、生活ががらり変わってしまうと、がんの進行が止まったり、中にはがんが消えてしまうこともあるのです。

がんを治すことばかりに拘泥《こうでい》するのではなく、一歩進んで自分が何をやりたいのかを見つめることで、虚空とのパイプが太くなり、慈悲のエネルギーが大量に流れ込んで、自然治癒力が働くのではないでしょうか。

『延命十句観音経』を唱えるときも、「がんが治りますように」ではパワーが足りない気がします。もう一歩踏み込んで、自分は何がしたいのかを見つめた上で、「がんが治ったら、こういうことをしたいので、力を貸してください」と虚空に呼びかけるといいのではないでしょうか。

白隠さんの一喝ほどの迫力はありませんが、私のこんなアドバイスも少しは役に立っているかなと思います。

苦悩する庶民を勇気づける『延命十句観音経』

白隠さんは虚空と一体になることの大切さを説きました。そのために自らも弟子たちも厳しい修行に明け暮れました。

白隠さんは、修行者ばかりではなく生きとし生けるものすべてが虚空と繋がることを望んでいました。そうでなければ真の幸せは実現しません。

どうすれば一般の人たちが虚空と繋がることができるだろう。白隠さんがさんざん考えて出した答えが『延命十句観音経』だったのではないでしょうか。

たった十句の短いお経ですが、そこには虚空のもつ偉大な力や、虚空に繋がり、一体となることとの大切さが凝縮されています。

私が尊敬する仏教学者の鎌田茂雄先生は、私と対談したときに、「あれは白隠が作ったものでしょうね。あんなに短いのはね」とおっしゃっていました。『延命十句観音経』を白隠さん自ら作ったというのは鎌田先生独自の説ですが、ひょっとしたらそれもあり得るかもしれません。異変の続く世の中で右往左往する庶民を安心させたかった。そのためには、虚空の力を借りるしかない。白隠さんはそう考えて『延命十句観音経』を広めたのではないでしょうか。

『延命十句観音経』の私の意訳をもう一度紹介させていただきます。内山興正師の訳を参考に、私なりに解釈しました。

観世音　　虚空を観じ
南無仏　　仏道に帰依する
与仏有因　　仏と因あり
与仏有縁　　仏と縁あり
仏法僧縁　　仏法僧の三宝を身につけて

常楽我浄　常に楽しみ我さわやか
朝念観世音　朝に念ずる虚空のいのち
暮念観世音　夕に念ずる虚空のいのち
念念従心起　一瞬一瞬虚空を観じて
念念不離心　一瞬一瞬虚空と一体になる

お経はお釈迦さまの教えの記録です。お釈迦さまが語ったことを弟子たちがまとめたものだとされています。

『延命十句観音経』もそう読むこともできますが、私には、唱える人が虚空に向かって宣言しているように聞こえるのです。

「カンゼーオン」

と唱えた瞬間、虚空に繋がります。

そして、

「私は虚空を観じて、虚空と一体になれるように生きます」

と宣言するのです。

虚空はどんな小さな声でもキャッチしてくれますが、虚空に「こう生きます」と一所懸命に意志を届けようとすれば、響き具合は違うはずです。

言葉や音にはエネルギーがあります。周波数といってもいいかもしれません。もっとも虚空と共鳴しやすい周波数を、白隠さんは『延命十句観音経』として提供してくれたのではないでしょうか。

そして同時に、何度も何度も声に出して言いつづけるうちに、言葉はこころに沁み込みます。「ありがとう」と言いつづければ「ありがとう」と言える現実が現われるといいます。「虚空と一体になる」と口にすれば、そんな生き方ができるようになるのではないでしょうか。

親から「お前はバカだ」と言われつづけた子は、いつまでも自分に自信がもてないものです。「お前はすごい」と言われて育つと、堂々と生きられるようになります。

ただひたすら唱えていれば、虚空に思いが通じて夢もかなうし、虚空を意識した生き方ができるようになります。虚空を意識して生きれば、さらに虚空とのパイプが太くなって、願い事もかないやすくなるという好循環ができあがるのです。

逆境にくじけそうになる庶民を勇気づけ、世の中を少しでもいい方向に向かわせようとして、白隠さんは『延命十句観音経』を広めたのではないかと、私は推測するのです。

『延命十句観音経』で起こる奇跡

白隠禅師は『延命十句観音経霊験記』という本を著し、このお経にどれだけの功徳があるかを書き残しています。

「そんなの作り話さ」

そう思われても仕方のないような信じがたい話が列記されています。著者が白隠さんでなかったなら、私も信じないだろうと思います。白隠さんは苦労に苦労を重ねた人です。特に、弟子たちが禅病でばたばたと倒れていくのを見ているのはつらかったでしょう。修行は手を抜けない。かといって、かわいい弟子を死なすわけにはいけない。自分も禅病で生死の境をさまよったことがあります。そのときに内観の法と軟酥の法を実践して助かりました。ただ、中途半端な気持ちでは効果がありません。本気になって、覚悟を決めて取り組まないといけません。

白隠さんはこれ以上ないというくらい丁寧に弟子たちに伝えたはずです。しかし、弟子たちは病気です。気力も体力も低下しています。方法を教えるだけでは続かないでしょう。「これをやりつづければ治る」という希望をもたせないといけません。どれほどすごい人がこの方法を伝えてくれたか。なぜ、この方法が効くのか。自分はどんな経過をたどって治ったか。あれこれ手を尽くして、弟子たちのこころに希望を植えつけたはずです。

弟子の次は衆生が相手です。『延命十句観音経』を使って、苦しむ庶民のこころに希望の光を灯さないといけません。白隠さんは、人を救うことを自分の使命として課していました。『延命十句観音経』の功徳をどうしたら多くの人にわかってもらえるか、白隠さんはさまざまなことを考えた末に、『延命十句観音経霊験記』を書いたのではないでしょうか。

人々が彼の著書を読み、「そんなこと信じられない」と疑問をもちながらも、次第に「ここまですごいならやってみるか」と思えるような書き方をしたとも考えられます。

唱えてみると、確かにこころが落ち着きます。何かいいことが起こっているような気がします。そうなると、人はがぜんやる気が出てきて、「このお経はすごい」と口コミが発生し、急速に広がっていきます。何の効果もないなら詐欺ですが、不安で絶望している人が生きる意欲をもてるお経ですから、立派な社会貢献です。

『延命十句観音経霊験記』は、多少の脚色はあるかもしれませんが、白隠さんの実体験に基づいたものであることは間違いないでしょう。そうでなければ、いくら白隠さんの書いたことであっても、人は受け入れてくれません。怪しいものと敬遠されて『延命十句観音経』は広がりません。そんな愚かなことを白隠さんがやるはずがありません。

私は長年がん治療に携わっていますが、もう治療法がないと大病院から見放された人が、代替療法などによって回復した例をたくさん見てきました。西洋医学だけをやっている医者からすれば、信じられない話です。信じられないと、人はそんなの「ない」としてしまうことが多いのですが、それではがん治療は前へ進んでいきません。信じられないことにも耳を傾けてみる柔軟さと、こころの広さが新しい世界を切り開くのです。『延命十句観音経霊験記』から、いくつかの奇跡的な例を見てみましょう。

白隠さんが語った奇跡

まずは中国の話です。

東魏《とうぎ》（五三四年〜五五〇年）のころ、劉敬徳《りゅうけいとく》という官吏《かんり》が法を犯して獄中にありました。明日処刑されるという前夜、『観音経』を一所懸命に唱えているうち、うとうとと眠りに落ちてしまいました。夢にひとりの僧が出てきて、

「『観音経』を唱えても死は免れない。『十句観音経』を一千遍唱えなさい。刑を免れるでしょう」

といいます。しかし、敬徳は『十句観音経』を知りません。そのことを伝えると、

「私がとりあえずあなたに口授《くじゅ》しましょう」

と、二度三度、唱えてくれました。

目が覚めた敬徳。一字も忘れずに覚えていることにびっくりしながらも、必死になって『十句観音経』を唱えました。朝になりました。いよいよ処刑の時間です。お迎えが来ましたが、一千遍まであと百遍足りません。敬徳は、使者にゆっくり歩いてもらって、刑場に着いたとき、ついに一千遍に達しました。

いよいよ処刑です。刀が振り下ろされました。すると不思議なことに刀が三つに折れ、敬徳の身には傷ひとつつきませんでした。

これに驚いた王は、国中の人に『十句観音経』を唱えるように命じました。すると、東魏の国は平和で豊かな国になったそうです。

難病にかかって死の床《とこ》に就いていた女性の話です。

夫は、もう神にすがるしかないと、北野天満宮に毎夜「丑《うし》の刻（午前二時ごろ）参り」を始めました。満願の七日が終わった夜、お参りを終えて家に帰ろうとすると茶店《ちゃみせ》が開いていました。

「こんな夜中なのに」

そう思いながらも一休みしていこうと立ち寄りました。

すると床几《しょうぎ》に坐っていた老僧が話しかけてきました。

「あなたは毎晩お参りしているが、何か願い事でもあるのですか」

夫は妻の病気のことを話しました。老僧はしばらく黙って考え、難しそうな顔をして言いました。

「確かに大変な病気だ。どんな名医でも治すことはできまい。しかし、ただひとつだけ方法がある。とても霊験のあるお経がある。これを一家全員で病人を囲んで唱えなさい」

夫はそのお経を教えてほしいと懇願しました。老僧が何度か唱えるうち、覚えることができました。『延命十句観音経』でした。

夫は老僧にお礼をいうと、急いで家へ帰りました。すると、家族が妻を囲んでお経をあげていました。なんと、さっき教えてもらった『延命十句観音経』でした。

驚いていると、家族はさっき老僧が来て教えてくれたといいます。どんな人だったか聞いてみると、どうも茶店で会った老僧と同一人物のようです。

「きっと天神さまが助けてくれたんだ」

みんな大喜びしてお経を唱えました。すると、妻の容態はみるみる良くなり、やがては全快したそうです。

五、六歳まで目が見えなかった男の子。両親が『延命十句観音経』にすがるしかない、と三万遍唱えたそうです。そうするとたちまち目が見えるようになりました。

二十五歳の男性は、容姿も性格もいいのにうつ病になってしまって外へも出られません。『延命十句観音経』の功徳を知り、毎日唱えること一万遍。老僧が夢に出て「病気も良くなり、これからますます商売繁盛する。このお経を読みつづけなさい」と告げたといいます。夢をきっかけに、うつ病はどんどん回復したそうです。

こういう奇跡的な出来事がいくつも紹介されています。

白隠さんはこう記しています。

「江戸中貴賤老若《きせんろうにゃく》皆『十句経』をよみ、諸所で驚くべき霊験あり、大病人も多く平癒し、死んだ者も間々《まま》蘇生し、子無き者も諸所で子を得、火難盗難も免かれ、待ち人（尋ね人）は忽ち《たちま》帰り、なくした物は再び手に入り、願あれば忽ちかない、仲の悪いのは互いに和合し、憑《つ》いた生霊死霊も忽ち離れる由《よし》」

重病が癒えた例が多いのですが、中には亡くなった人が生き返って地獄の様子を語るとか、あの世で薬をもらってこの世に帰ってくるとか、信じがたい話もあります。ひょっとしたら今でいう臨死体験なのかもしれません。ほかには監禁された状態から解放された話などがあります。どれも不思議は不思議ですが、あり得ないと断言はできないと思います。

奇跡などで満足してはならない

ただし、白隠さんは霊験を語るだけでは終わりません。ここが彼の迫力であり、真骨頂《しんこっちょう》です。

白隠さんは『延命十句観音経霊験記』ではさんざん奇跡的な例をあげておいて、最後の最後になって「こんな霊験など取るに足らないものだ」と一刀両断のもとに斬り捨てます。弟子たちが禅病から回復したとき、「こんなことで喜んでいるのではない」と一喝したのと同じ迫力です。

奇跡が起こるということで満足するのではなく、丹田を意識しながら一心にこのお経を唱えつづければ、やがては丹田が破裂する、と書いてあります。丹田が破裂すれば、玉楼《ぎょくろう》が崩れるごとく、氷のお皿が砕けるごとく、自分という狭い枠から抜け出して、さらには太陽を通り越し、宇宙の外に住む大境涯になる――そういっているのです。宇宙の外に住むとは、虚空と一体になるということです。そこまで達しないことにはダメだと厳しくいって、この本は終わるのです。

虚空には想像を絶する無限の力をもったエネルギーが満ちています。幾千もの宇宙を生み出し、コントロールするほどのエネルギーです。

そこにアクセスできれば、難病が治ったり、処刑を免れたり、死人が生き返るくらいたやすいこと。そんなことで喜んでいてはダメだと。一心に『延命十句観音経』を唱えれば、想像が及ばないことが必ず起こり、それを受け入れて次に進んでいけば、その先には虚空が見えてきます。私たちのいのちの故郷です。

目先の現象にとらわれないで、虚空に思いを馳せて、生きながらにして虚空と一体になる努力をする。それが尊い生き方です。この世に生きる人間の最高の悟りです。白隠さんはそういいたかったに違いありません。

（第五章）

祈りの力

初女さんのおむすびと虚空

『延命十句観音経』を自分なりに解釈し、毎日唱えるうちに、これは「虚空と一体になるぞ」という強い意志を宣言する「祈り」ではないか、と感じるようになりました。

祈りの語源は「意宣《いの》り」だと聞いたことがあります。祈りというと、「お金もちになれますように」「幸せになれますように」といったお願いだと思ってしまいますが、本来の祈りは、自分はこう生きますと天に向かって宣言することなのです。

祈りといって真っ先に思い浮かぶのが佐藤初女《はつめ》さんです。二〇一六年に九十四歳でお亡くなりになりました。弘前の岩木山の麓に「森のイスキア」という癒しの場を作り、悩みを抱えている人を受け入れていました。亡くなるまでの数年間、毎年二月になると、川越のあるグループが主催する講演会でお話をしてくださって、その打ち上げの懇親会には私も参加して、一緒にお酒を飲んだものです。

初女さんが九十歳を迎えた年の懇親会でのことでした。私は早めに会場に到着して着席していました。しばらくして初女さんが入口から入ってきました。私と目が合って、お互いに軽く会釈をした瞬間でした。

「凛として老いる」

祈りの人、佐藤初女さんと。

私の頭の右上方に、この言葉が文字としてはっきりと浮かんだのです。「どう老いればいいのか」。それは長年の私のテーマのひとつです。文章にしたり講演でお話ししたりしてきましたが、もうひとつ「これだ」と思える表現が見つかりませんでした。そんなときのひらめきでした。

いつもかくしゃくとされていて、品があって、とてもリズミカルに歩かれます。からだが動く限り、人に奉仕するという覚悟をもって生きていらっしゃいます。「凛として老いる」は、初女さんにふさわしい言葉です。

初女さんは祈りを大切にしていました。初女さんはクリスチャンですから当然といえば当然なのですが、長くお付き合いしていると、彼女は祈りについて、独特の考え方をもっていることがわかってきました。

『いまを生きる言葉「森のイスキア」より』（講談社）という本で、こんなふうにおっしゃっています。

「静かに坐って手を合わせる『祈り』は『静の祈り』。行動するということは『動の祈り』。静かに坐って捧げることだけが祈りなのではなく、私たちが生きて動いていることのすべてが祈りに通じているのです」

生活そのものが祈りだとおっしゃるのです。特別なことなどしなくても、平凡な営みの中に深い祈りがある。初女さんならではの奥深さを感じます。

初女さんといえば「おむすび」が代名詞です。悩みを抱えた人が訪ねてくると、初女さんはおむすびと何品かの手料理でもてなします。

初女さんのおむすびにも料理にもこころがこもっています。

「お米の一粒一粒が楽に呼吸できるように結びます」

そんな気持ちでつくったおむすびが目の前に置かれます。海苔できれいにくるまれた丸いおむすびです。海苔がぴかぴか光って宝石のようです。静かな時間が過ぎます。おむすびをひと口ふた口食べると、多くの人が涙を流し、丸ごと一個食べたころにはすっかり元気になる人が大勢います。初女さんのもとを訪ねるのは、絶望の淵でもがき苦しんでいる人たちです。死んでしまおうと思い詰めていた人が、初女さんのおむすびをいただいて生きる意欲を取り戻した、という話はたくさんあります。

初女さんは若いころに大病をしました。その経験から食が大切、「食はいのち」だとずっと言ってきました。食といっても彼女の場合、食材にこだわるわけではありません。あえていうなら新鮮なもの、旬のものでしょうか。

「食べるという行為はいのちの移しかえ。いただくいのちに感謝する」

初女さんはそんな気持ちで料理をします。野菜をゆでるときも、ジャガイモの皮をむくときも、いのちを敬う気持ちを忘れていない、と私は思いました。初女さんは自分がいのちとどう向き合うかを、行動を通して虚空に宣言しているように思えてなりませんでした。これは間違いなく「祈り」です。

私が虚空に対してもっている畏敬の念を、彼女はすべてのいのちに感じている——そのように私の目には映ったのです。だから、彼女と話しているとこころが和《なご》み、多くの人が涙を流しながらおむすびをいただいたのだとわかります。初女さんのおむすびには虚空が宿っていたに違いありません。

初女さんは東北の人らしく、日本酒の熱燗が好きでした。私がおちょこにお酒をつぐと、ゆっくりと少しずつ、おいしそうに飲みました。マリアさまか観音さまがこの世に現われたら、きっとこんなふうに飲むのだろうと思いながら見ていました。

彼女にとっては、日々の生活すべてが祈りだったのだと思います。初女さんと、虚空についてお話をすることはありませんでしたが、きっと虚空を観じて生きていた方だろうと思います。

こころのことなど考えたこともなかった

祈りというと、どうしても宗教的なイメージがあります。私も、白隠さんに出会うまで、こころとか祈りといった目に見えない世界のことを考えたこともありませんでした。

私が都立駒込病院に外科医長として赴任したのは一九七六年。四十歳でした。

都立駒込病院は、当時の都知事、美濃部亮吉さんが学閥のないオープンな病院を作ろうということで設立された日本のがん治療の最先端を行く病院でした。アメリカでは、ニクソン大統領が「がん征服戦争」を打ち出し、社会全体ががんを制圧しようと勢いづいていました。日本もアメリカの影響を受けて、がん征圧に力を注ぎはじめた時期です。

私が専門としていた外科手術はがん治療の柱でした。

「がんを制圧するのは外科だ」

熱き闘志をひとつにして（都立駒込病院時代）。

私たち若き外科医たちは、腕を磨いて完璧な手術をすればがんは撲滅できると大いに燃えていました。私も、毎日のように手術室に入り、患者さんの胸を開いてはがんを切除し、自分が執刀しないときは助手を務めました。少しでも腕を上げたいと必死でした。私が専門とする食道がんの手術はとりわけ難しい大手術でした。今は検査技術が発達したので、病巣の状態を把握した上で手術に入りますが、当時は、食道の内部こそ内視鏡で調べることができたものの、外側がどうなっているか胸を開けてみないことにはわかりませんでした。開けたものの、がんの広がりがひどくてそのまま閉めざるを得ないこともよくありました。そんなときは、無力感、屈辱感に打ちのめされ、からだは疲れきっているのに、神経が高ぶって眠れませんでした。

当時の私が見ていたのは患者さんの病巣部だけでした。どうしたらがんをきれいに切り取れるかしか考えておらず、がんという生死に関わる難病を抱えた患者さんの気持ちまで目が向きませんでした。

こころでがんを治す……？

駒込病院には、心身医療科がありました。がんの患者さんをメンタル面でサポートする部署で、医長を務めていたのが河野《かわの》友信先生でした。河野先生は、熊本大学医学部を出て、九州大学医学部の大学院に進み、日本の心身医学のパイオニアである池見《いけみ》酉次郎《ゆうじろう》先生に師事しました。私よりも一歳年下で、二〇〇五年に六十七歳で亡くなりました。日本の心身医療の発展に寄与された方でした。

駒込病院時代の私にとって、心身医療はがんへの不安で落ち込んだ患者さんを元気づける方法――というくらいの認識でした。ほとんどの医者はそう思っていたのではないでしょうか。河野先生はいつも、私たち外科医には理解できないようなことを言いつづけていました。

「現代医療は、からだばかりに治療を集中していますが、それだけではとても病気は治せませんよ。こころの問題、社会の問題、生態の問題、倫理や法律の問題まで掘り下げないと、本当の意味の病気治療にはなりません」

今から考えると、すごいことを言っていたと頭が下がります。

たとえば乳がんの患者さんが入院してきたとします。検査をしてがんが切除できれば手術となり、できなければ抗がん剤、ホルモン剤、放射線治療を選択します。医者は病変部しか見ていません。

河野先生は見方が違いました。

「まずは、なぜがんになったかを調べる必要があります。ご主人が心筋梗塞で急死し、そのストレスのためになったとしましょう。配偶者を亡くしたストレスでがんになる方は多いのです。

原因がわかれば、さらにご主人の心筋梗塞の背景も調べないといけません。働きすぎだったり、人間関係がうまくいっていなかったり、いろいろあると思います。

そこまで考えた上で、患者さんのこころの糸のもつれを解いてあげて、そこでやっと手術なり抗がん剤の治療に入らないといけないのです。治療効果は違ってくるはずです」

こころというのは形のないものなので、どうしても頼りなく感じてしまいます。日々、がんの塊《かたまり》と向き合っている私たちにとっては、こころのもち方でがんになったり治ったりするといわれても、なかなか興味がもてなかったのです。

「こころでがんを治すなんてとんでもない話だ。がんを治すのは外科だ」

外科医仲間とお酒を飲むと、そう言い合っては溜飲《りゅういん》を下げていたものです。

自分たちはがんを制圧するためにだれよりも努力しているという自負がありました。こころでがんが治るといわれると、自分たちが否定されてしまったような不愉快な気持ちになってしまったのです。

呼吸法を習い、白隠さんを知り、こころのあり方の大切さにやっと気づくようになり、ようやく河野先生を理解できるようになりました。

こころの大切さがわかると、行動にも変化が出てきました。

手術が終わると患者さんは集中治療室に入ります。医者たちはまずほっとします。しかし、肺炎や縫合《ほうごう》不全などの合併症が出ることがありますから注意が必要です。患者さんには集中治療室でしばらく過ごしてもらい、合併症も大丈夫となれば、一般病棟に戻ります。ここまでくると外科医としての役割は果たしたといってもいいでしょう。「ああ、良かった」と胸をなで下ろします。

ところが、ある時期から別の考えが忍び込みました。手術がうまくいったのは、自分の腕も確かに上がっているけれども、それだけではないと感じたのです。何か大きな力に守られているのではないか。そんなふうに思うと、「これは大きな力にお礼をしなければいけない」と居ても立ってもいられなくなりました。

お礼といってもどうすればいいかわかりません。とにかく近くの神社かお寺へ行こうと決めました。調べたところ、柴又《しばまた》に帝釈天《たいしゃくてん》がありました。映画『男はつらいよ』の寅さんで有名なところです。駒込から山手線で日暮里に出て、京成線に乗り換えればすぐです。

「よし、ここにしよう」

手術が終わって、患者さんが一般病棟へ戻ったら、必ず柴又の帝釈天へ行き、「おかげさまで」とお礼参りをし、近所にある老舗の川千屋《かわちや》さんで一杯飲んで病院へ帰りました。

呼吸法を習いはじめて、目に見えない世界に意識が向くようになったのでしょうか。白隠さんや虚空にぐいぐい魅かれるようになったころのことです。

河野先生との距離も近くなって、先生の晩年には親交を深めることもでき、たくさんのことを学ばせてもらいました。

明るく前向きでいればいいのか

西洋医学だけのがん治療に限界を感じた私は、西洋医学に中国医学をプラスした中西医結合医療をしようと、一九八二年に故郷の川越に病院を設立しました。

こころのもち方の大切さはわかっていました。しかし、西洋医学はもちろん、中国医学もこころについてはノータッチでした。さまざまな治療法を取り入れつつありましたが、こころという側面からのアプローチはまったくしていませんでした。

いつものように病院内の道場で気功をやっていたときのことです。

「……そういえば」

私はあることに気がつきました。ニコニコしながら気功をやっている人もいれば、暗い表情の人もいます。考えてみると、ニコニコしている人は経過が良くて、暗い人は思わしくない人です。そのころちょうど、明るく前向きに生きると免疫力が上がるという本が巷にあふれていました。

「それもあり得るな」

気功をする人たちの様子から、私もそう思いました。患者さんが明るく前向きに過ごせるようにする必要があります。心理療法をやったほうがいいとひらめきました。すぐに心理療法の専門家を集めてチームを作り、リラクセーションやイメージ療法の指導をスタートさせました。

ところがしばらくして、「ちょっと違うぞ」と思い直しました。

こんなことがきっかけでした。いつもニコニコしながら気功をしている患者さんとの面談のときのことです。ずっといい経過をたどっていたのですが、なぜか最新の検査の結果が悪くなっていたのです。自分の部屋に患者さんを呼んで、検査の結果を伝えました。すると、あんなに明るく前向きだった人が、急に暗く、後ろ向きになってしまいました。とぼとぼと部屋を出て行き、その後は言葉も少なくなり、気功にも出てきません。

私はハッとしました。

「明るく前向きは、こんなにもろいものなのだ」

この患者さんは、明るく前向きだから経過が良かったのではなく、経過がいいから明るく前向きにいられたのです。表面だけを見ていてはわからないことはたくさんあります。特に、こころという目に見えない部分については、もっと深く考えないといけないと考え直しました。

かなしみを土台に

心理療法自体に問題があるわけではありません。しかし、方向を見直して、人のこころの本質を踏まえた上でやらないとミスしてしまう、と気がついたのです。

私がたどり着いた結論は、「人間の本質はかなしみにある」ということでした。明るく前向きではなく、かなしみを根底に抱えて生きているのが人間ではないかと。

私たちはだれもが、たったひとりで虚空からやってきて虚空へ帰る存在です。

故郷を思うときというのはどんな気分か思い浮かべてください。幼いころの自分、両親や兄弟との思い出、学校で楽しかったこと、叱られたこと、好きだった人のこと。懐かしさの中に、何ともいえない切ないものがあるのではないでしょうか。決して明るく前向きといった一面的な感覚ではないはずです。

私はそれを「かなしみ」と表現したのですが、お釈迦さまも「生きることは苦である」と言っているくらいですから、かなしみや苦しみをかみしめながら成長していくのが、この世を生きることなのです。

「生きることはかなしみなのだ」と知っていれば、ことさら明るく前向きに生きようとしないし、検査結果が悪くても、手のひらを返したように、暗く後ろ向きにはならないはずです。自分が拠って立つ土台をより強固にするためには、自分の背負っているかなしみを知る必要があります。

心理療法でも、それぞれの人が虚空からもってきたかなしみに目を向けないといけないのではないでしょうか。たとえば死です。死はだれにとってもかなしみです。しかし、だれもが死からは逃れられません。

がんになると死から目をそらしたくなるのですが、死を他人事にしてしまうと、虚空と繋がることはできません。

代表的ながんの心理療法にサイモントン療法があります。アメリカの放射線医であったカール・サイモントン博士がこころの治癒力に注目して開発・発展させた療法です。サイモントン博士はご存命中、来日するたびに川越に足を運んでくださいました。道場での講演のあと、近くの老舗のうなぎ屋さんでおいしくお酒を酌み交わしたものです。

サイモントン療法には、誘導瞑想によって死を体験するプログラムがあります。死は、目をそらしているうちは恐怖でしかありません。しかし、死と面と向かい合うことで、いつか死ぬのだから今日を精いっぱい生きよう——という気持ちになることがよくあるのです。かなしみを土台にして生きることができるようになるのです。

そうやって一度死を受け入れると、がんになって不幸だと思っていた人が、がんになったことでいろいろなことに気づき人生観が変わった、と感謝することも起こってきます。これほど劇的な変化が起こるのも、死をきちんと受け止めることで虚空と繋がり、自然治癒力が働きはじめたのだろう、と私は解釈しています。

若かりしころの、がんを手術だけで治そうなどというのは思い上がり、ごう慢でしかありませんでした。あのころ河野先生はどんな思いで私たち外科医を見ていたのでしょうか。

振り返ると、恥ずかしくてたまりません。

祈りには確実な効果がある

こころの大切さに気づき、中西医結合医学だけでは不十分だと思った私は、人間まるごとを見るホリスティック医学に関心をもちました。

帯津三敬病院を開院して三年ほどたったころでした。まだ東京医科大学の青年医師だった降矢英成《ふるやえいせい》さんと山本忍さんのふたりが私を訪ねてきました。それがホリスティック医学との出会いでした。

「大学でホリスティック医学研究会を立ち上げました。一度、研究会で話してくれませんか」

彼らは、アンドルー・ワイル博士の著書『人はなぜ治るのか』（上野圭一訳・日本教文社）を読んで大きなインパクトを受けたようです。日本で西洋医学の枠を越えて治療をしている医者を探したところ、私がそのアンテナに引っかかったのでしょう。

ふたりの青年医師は、ホリスティック医学の必要性を熱く語りました。こころやいのちはとても奥深く、その全容はなかなか見えてきませんが、それでも私にはとても魅力的な世界に感じられました。ホリスティック医学研究会は一九八七年「日本ホリスティック医学協会」に格上げされ、私もその設立に参加しました。一九九七年には二代目の会長となり、二〇一五年までの十八年間、会長を務めました。

ホリスティック医学を勉強するうちに、祈りの治療効果に関する研究のことを知りました。こころの治癒力についての世界的研究者であるラリー・ドッシー博士が、元カリフォルニア大学医学部のランドルフ・バード医師が行なった、祈りに関するとてもインパクトのある研究（一九八八年）を紹介しています。

バード医師はサンフランシスコ総合病院の心臓病集中病棟の患者さん三九三名をふたつのグループに分けました。両グループとも標準的な治療を行ないつつ、片方のグループだけに向けてキリスト教徒がお祈りをしました。もうひとつのグループに対してはだれも祈りません。

二重盲検法《もうけんほう》という、患者さんも医者も看護師も、だれが祈られ、だれが祈られていないかわからないようにしての実験でした。プラシーボ（偽薬）効果を排除して、純粋に祈りの効果が測定できるようにとの配慮で、医学的なデータをとるには必須の手法です。

結果はどうなったでしょうか。

両グループで確実な差が出たのです。祈りをささげられたグループの患者さんのほうが、

○死亡率が低い。

○心停止の発生頻度が少ない。
○肺水腫の発生頻度も少ない。
○呼吸を補助する器具の必要性も低い。
○強心剤のような薬の必要性も低い。

という、とても興味深い結果が出たのです。

この研究は全米の主要な新聞にも掲載されましたが、医学界の反応は冷ややかで、祈りに治療効果があるという認識は広がりませんでした。ドッシー博士は皮肉を込めてこう言っています。

「もしこの成果が祈りではなく、新薬によるものだったら、この薬は『魔法の薬』と呼ばれたでしょう」

その後、祈りと治癒効果の研究は多数行なわれています。その半数以上で、祈りには治癒効果があるという結果が出ています。

祈りの力はこうやって発揮させる

「祈ることしかできません」

進行がんで手術も厳しい、抗がん剤や放射線でもどこまでがんを小さくできるかわからない……そんなときに、本人や家族から「祈る」という言葉が出ます。祈るのは最後の最後の手段。打つ手がなくなったときにすがる藁《わら》でしかありません。否定はしないけれども信じていない、祈らないより祈ったほうがいいだろう——祈りはその程度の効用しかないと思われています。それでは、効果も半減です。

先ほどのカリフォルニア大学での研究結果で見たように、祈りには大変な可能性が秘められています。ドッシー博士はこう言っています。祈りといっても「病気を治したい」といった現世御利益《げんせごりやく》的な祈りは叶えられない、本当に効果があるのは、祈りに満ちたこころである、と。それを私なりに解釈すると、虚空いっぱいに寛放《かんぽう》された祈りになったとき、初めて効果が生まれるのでしょう。

佐藤初女さんのように、日々、祈りの生活をすることで、多くの人を絶望の淵から救うこともできます。おむすびに薬効があるとする学術論文など、どこを探してもないでしょう。医学的な根拠など何ひとつありませんが、それでも、初女さんのおむすびを食べて元気になった人は間違いなくたくさんいるのです。

初女さんという存在が大きいからといわれるかもしれませんが、なぜ初女さんなのかと考えれば、相手の幸せを祈れる人だからこそ、彼女の結ぶおむすびに力が宿るのです。虚空のエネルギーが満ち満ちたおむすびだからこそ、たくさんの人が涙を流しながら食べ、元気や勇気をもらうことができるのです。

世の中の医者が祈りの気持ちをもって治療に当たったらどうでしょうか。患者さんやその家族のことを思い、病気の回復を願い、幸せを祈る――これまでとはまったく違う医療になるはずです。

中国の蓮花山《れんげさん》に「元極学《げんきょくがく》」という気功の見学に行ったことがあります。コロナウイルスで話題になった武漢から車で二時間ほどのところにあります。十万坪という広い敷地の中に、病院、学校、研究所などがあって、難病の方が世界中からたくさん訪れます。観光地にもなっているようです。研究所の代表である張志祥《ちょうししょう》さんは有名な気功師で、多くの難病患者を治癒に導いています。

病院を見学しているときでした。漢方薬を調剤する部屋の前を通りかかると、部屋の中に張さんがいて、調剤工程をじっと見ていました。その真剣な顔がとても印象に残っています。

「あそこで何をしておられたのですか」

夕食のときに質問をしました。張さんはこう答えました。

「漢方薬に気を入れていました。全然効果が違いますから」

気を入れるというのは祈りのことだ、と私は思いました。張さんは、患者さんが回復するようにという思いを、漢方薬に注入していたのです。

帰国後すぐに私も真似をしました。漢方薬やホメオパシーの処方の際はもちろん、診察のときも、患者さんが少しでも元気になることを祈って聴診器を当てています。

私は祈りの力を信じています。

祈りは虚空と繫がるための重要な儀式です。ですから、「祈るしかない」というあきらめの気持ちで祈るのは、もったいないと思います。どんなに絶望した状態であっても、だれもが「祈る」という手段をもっており、祈ることは決して気休めや迷信ではないことは明らかになっています。祈りは、すべての人に与えられた大きなチャンスです。祈りの力をもっと積極的に使ってもいいのではないでしょうか。

喜びをもって祈る

祈りにはコツがあるようです。私なりの考え方を紹介します。基本は、虚空に意志を伝えようという気持ちをもつことです。

①祈りの内容を明確にしてください。

がんの患者さんなら、「がんを治したい」という意志をはっきりと伝えないといけません。

②ただし、治ればいいということではなく、治ったら何をするのか、自分の意志をはっきりさせて宣言します。「世の中の役に立ちたい」というのは立派な宣言ですが、できればどうやって役に立つかまでイメージしてください。「自分の体験を本にまとめてたくさんのがんの患者さんに希望を与える」「がん患者、元患者が集まって体験をシェアできる場を作る」といった具体的な内容がいいでしょう。

③感謝の気持ちを忘れないことです。自分や自分のまわりで起こった「いいこと」を探して、「おかげさまでこんなことがありました」と感謝するようにしてください。小さなことでいいので、感謝できることを探してそれを伝えるのです。

いいことが見つからなければ、「こうやって祈らせてもらっていることに感謝します」「今日も生かしてもらって感謝します」でいいと思います。

④そしてもっとも大切なこと。それは祈りつづけることです。まわりから何を言われても、体調が悪くなっても、とにかく祈りつづけるのです。祈りというのは、バケツに水を入れるようなもので、バケツがいっぱいになってあふれるときに実現する……と考えるといいと思います。

毎日、一滴でも注げば、バケツはいつかはいっぱいになってあふれます。一回きりではバケツの底を湿らせる程度で終わってしまいます。

水道の蛇口を全開にするような祈りができる人もいるかもしれません。そういう人は短期間で効果が出るのではないでしょうか。もし自分だけでは数滴しか入れられないなら、まわりの人と一緒に祈ればいいのです。数滴が百人分集まれば、数百滴になります。バケツに水がたまってくると、さまざまな変化が起こってきます。家族や同じ病室の人との会話内容が泣き言や愚痴ではなく希望や夢に変わるのは、いい兆候です。

思わぬチャンスが飛び込んでくることもあります。見舞いでもらった本に感動したり、治療についてのいい情報が聞けたり、やりたいことを応援してくれる人が現われたり、こころが大いにときめくことが起こることがあります。ときめきは虚空からの応援メッセージです。祈りが通じている証拠ですから、少しでもときめきがあれば自信をもって祈りつづけてください。

小さな変化でも大きく喜んでいると、虚空も一緒に喜んで、祝福してくれます。「小さな変化、大きな喜び」を心がけるのもいいのではないでしょうか。

⑤祈りの内容を言葉にして口に出したほうがいいと思います。『延命十句観音経』を知ったころ、人に聞かれると恥ずかしいので、こころの中だったり、小さな声で唱えていたのですが、鎌田茂雄先生から一喝されました。

「『延命十句観音経』は、姿勢を正して、大きな声を出して、腹で唱えなければダメです。

丹田でグッグッグッと唱えているうちに、唱える自分が消えていく。経文も消えていく。天地が全部『延命十句観音経』になる」

白隠さんはそう教えていたそうです。白隠さんの言うことなら聞かないわけにいきません。以来、一日に一回だけですが、大声を張り上げて唱えるようになりました。

苦境に負けずに虚空と一体になる

どこで祈ればいいのか、という質問もよくあります。仏壇や神棚の前でないといけない、ということはないでしょう。白い壁に向かって祈っている人もいれば、お風呂の中で祈っている人もいます。初女さんのように、料理をするときも掃除をするときも祈りだと考えている人もいます。

私の場合、ひたすら虚空に語りかけます。

『延命十句観音経』にあるように「朝念観世音　暮念観世音」を意識しています。始終、虚空を意識して生きることこそ、私なりの祈りです。

朝、『延命十句観音経』を唱え、太極拳をし、ホメオパシーの処方をし、原稿を書き、たくさんの患者さんを診察して、それが終わったら、いよいよ晩酌です。土日は講演会でどこかを回っています。そのすべてが祈りだと思っています。

私の祈りは、「私という人間が少しでも役に立つなら、思う存分使ってください」というもので、何か特別な願い事はありません。強いていえば、夜にはおいしいお酒が飲めるような一日であってほしいということでしょうか。

『延命十句観音経』を唱えるのは「どんな苦境であっても、自分は虚空と一体になることを目指します」という意志の宣言であり、まさに祈りのお手本のようなものだ、と私は思っています。

自分が目指す究極のところを宣言するわけです。ただ、そう簡単には白隠さんのように虚空と一体にはなれません。あの白隠さんでさえ地獄への恐怖はずっともちつづけていたようですから、一体になる一歩手前のところぐらいで虚空へ帰っていったかもしれません。

簡単に虚空と一体にはなれませんが、『延命十句観音経』を唱えることで、まず「一体になるぞ」と宣言してしまうのです。そうすれば、虚空がいいように使ってくれます。すると目の前に現われる一つひとつの現象を大切に味わうようになります。自分にとって都合のいいことも悪いことも、虚空と一体になるためのトレーニングだと思えばいいのです。

新型コロナウイルスで世の中が大変なことになっています。だれもがストレスを抱え、仕事もできず、経済もひっ迫しています。「なぜこんな目に遭わないといけないのか」と嘆く人も多いでしょう。しかしコロナウイルスも虚空が課した試練かもしれません。私はそう思っています。これをどう乗りきるか。虚空と一体になるための重要な宿題かもしれません。がんばって取り組まないといけません。

何をしていいかわからなければ、一心に『延命十句観音経』を唱えてください。白隠さんが、亡くなった人も生き返るほどの功徳がある、とはっきりと言っています。

つらいこと、苦しいことがあれば、

「私はこんなことで苦しんでいます。悩んでいます。でも、がんばってこれを乗りきります。応援してください」

そう宣言してください。そして、一心に『延命十句観音経』を唱えます。すると、気持ちが楽になってきて、行動する意欲が出てきます。直観が働き出します。「あの人に電話をしてみよう」「あそこへ行ってみよう」といった小さなことから、直観やひらめきに従って動いてみてください。

『延命十句観音経』を唱え、直観やひらめきを敏感に感じとる。さらに『延命十句観音経』を唱える。動く。

それを繰り返していると、次第にいろいろな変化が起こってきます。すべて虚空からの大切なメッセージです。感謝して受け取って、また祈りつづけるのです。急速に好転する人もいるでしょうし、ゆっくり良くなっていく人もいるでしょう。舞い上がらず焦らず、虚空に身を委ねる気持ちです。

つらいときには、どうしても目先のことに目が向いてしまいますが、一息入れて、いのちの故郷である虚空に思いを馳せてください。必ず、応援してくれます。守って支えて導いてくれます。私はそう信じて、毎朝、『延命十句観音経』を唱えています。

祈りによって体調が改善

祈りの効果について私が実感したお話をします。

二十年以上も前になりますが、何年間か続けてイギリスのスピリチュアル・ヒーリングの研修ツアーに行っていました。

日本ではまだ、ヒーリングはもちろん、気功も代替療法も怪しいものと思われていたころのことですが、イギリスではすでにスピリチュアル・ヒーリングは医療として普通に行なわれていました。ＮＦＳＨ（英国スピリチュアル・ヒーラーズ連盟 National Federation of Spiritual Healers）という民間組織があって、私たちが参加した研修もその主催でした。

ＮＦＳＨの定義によると、スピリチュアル・ヒーリングとは、祈り、あるいは瞑想と手かざしによって「からだ」「こころ」「いのち」を癒すことです。宇宙の根源《ソース》に祈ると教えられましたが、私流にいうなら「虚空に祈る」ということになります。

研修は、ロンドンから西へ、ヒースロー空港を過ぎ、一時間半ばかりのキャンバリーという小さな町にあるトレーニング・センターで行なわれました。緑に囲まれたイギリスらしい古い建物でした。講師はジャック・アンジェロさんという立派なひげをたくわえたとても風格のあるヒーラーでした。

講習では、遠くの人にエネルギーを送る遠隔ヒーリングの実習がありました。まずは宇宙の根源と繋がり、送りたい人や場所をイメージします。私は病院の患者さんをイメージしました。科学最優先の現代の常識からすれば、イギリスにいる私が日本の患者さんをイメージしたくらいで、患者さんに変化が起こるはずがありません。遠く離れていても祈りの効果があることはドッシー博士の話で知っていました。ヒーリングも同じで、私がエネルギーを送っているときには、患者さんは何かを感じているはずです。

帰国したあと、患者さんに確認したら、「そのときから、からだが軽くなりました」という返事でした。

しばらくして、今度は私が被験者になりました。当時、ある悩みを抱えていたのです。年に一度のことですが、決まって、三月に入るとめまいがして動けなくなりました。何をしても良くなりません。アンジェロさんにそのことを話しました。すると、「エネルギーを送りますから」と、ありがたい申し出です。三月の第一週の七日間、毎日午後九時（日本時間）にエネルギーを送ってくれると言うのです。

それまでも中国や日本で、気功師といわれる人から気を受けたことはありますが、あまり感じませんでした。ところが、アンジェロさんと約束した時間になると、両足の裏が熱くなり、その熱が膝上まで上ってくるのです。

「これは効いている」

そんな実感がありました。夜の九時になると、身を正してエネルギーが届くのを待ちました。一週間、同じ感覚が続きました。

翌年の三月。さてどうなるかと楽しみでした。めまいはやはりありました。しかし、前の年に比べるとかなり軽くなりました。次の年にはまったくなくなり、以来、めまいとは無縁になりました。

単なる気持ちの問題だけではなかったと思います。エネルギーなのか情報なのか正体はわかりませんが、科学では測定できない何かが届いたのだと思います。

遠隔ヒーリングについては、ビルの四階にいる気功師が、一階にいる受け手に気を送ると、その瞬間に、脳波や心電図、皮膚温度などが変わるという、あるグループからの報告もあります。気がいつ送られるか受け手は知りません。にもかかわらず変化が出るというのは、離れていても気は届いていることを示しているのではないでしょうか。

私は、祈りも遠隔ヒーリングも、虚空が関わっていると思っています。虚空に思いを響かせれば、虚空はそれに応えてくれます。できるだけ強い思いを虚空に届けるのです。人をおとしめたり、利己的でないものが好ましいでしょう。そうすれば、虚空は最善の結果を出してくれます。

その思いを届ける方法として、白隠さんはだれにでも簡単にできる『延命十句観音経』を残してくれたのだと思います。

（第六章）内なる虚空

虚空とインターネット

「虚空と私たち個人の関係って、インターネットに似てますね」

知り合いから言われました。私はコンピュータについてはまったくわかりません。原稿も手書きだし、スマホも使ったことがありません。根っからのアナログ人間ですから、虚空とインターネットが似ているといわれてもピンときません。説明をされても半分も理解できませんが、少しだけ「なるほど」と思うことがありました。

私はほとんど見ませんが、パソコンでホームページを開いていろいろ調べる人はたくさんいます。インターネットの情報は一人ひとりのもっているコンピュータの中にあるのではなく、より大きな能力をもつコンピュータにまとめて保管されていて、必要なものを手元のコンピュータで引っ張り出してくるのだそうです。

その構造を聞いて、ピンとくるものがありました。……そうか、虚空は計り知れない能力をもつ巨大なコンピュータではないか。そこには無限の情報があって、私たち一人ひとりはそこから必要な情報を引き出しながら生きている、という感じかもしれません。

祈りというのは、自分の手元にあるコンピュータに思いを入力して、虚空という超大型コンピュータにそれを送る作業と考えてもいいようです。虚空にある超大型コンピュータにはあらゆる人の祈りや思いが集まってきます。

同じ周波数の情報は虚空の中で共鳴現象を起こして、新たな情報となって個人にフィードバックされます。利己的な思いは同じように利己的な思いと共鳴し、奪い合う関係が作られます。「人を呪わば穴二つ」といいます。呪いには相手を殺すだけの力があるけれども、自分も同じような目に遭うのを覚悟しなさいよ、という意味です。呪いという情報を虚空に発信すれば、虚空にあるさまざまな呪いの情報と共鳴して、自分が発した何十倍もの呪いのエネルギーが戻ってくることになります。

困難を乗りきろうとがんばっている思いは同じようにがんばっている人と共鳴し、さらに大きながんばりの原動力となります。人や社会を少しでも良くするという意志は、同じ意志と繋がって、良い方向に向かわせる力になります。

人間は虚空の一部

虚空をどう表現したらいいでしょうか。私はそれを「場の階層」ということで説明しています。

この世が場の階層で成り立っていることを教えてくれたのは、分子生物学者の松本丈二さんでした。

場の階層というのはこういうことのようです。

人間の場を中心に考えていくと、自分よりも小さい方向（下の階層）には、臓器があり、細胞があり、遺伝子、分子、原子、素粒子の場があります。大きい方向（上の階層）には、家庭や職場があり、地域があり、国があり、地球、太陽系、銀河系、宇宙、そして虚空へと繋がっています。

場の階層には、上の階層は下の階層を超えて含む、という原理があります。上の階層は下の階層が保持している性質すべてをもち合わせた上で、それに加えて新しい性質をもっているのです。

たとえば、人間は細胞や臓器を含んで存在していますので、それらの階層の性質すべてをもっていて、その上で、こころとかいのちといった人間という階層の性質もあるわけです。

下の階層での研究成果を上の階層に当てはめようとすると、無理が生じることがあります。細胞や臓器ばかりを研究・解明しても、人間のことすべてがわかった、とはならないのです。たとえば、切り傷は皮膚という臓器に起こったトラブルですから、臓器を対象とする西洋医学で対処できます。

しかし、がんという病気は人間という階層に生まれたものですから、西洋医学だけでは不十分です。こころやいのちといった人間独自の性質にまで範囲を広げないと解決しないのです。がん征圧がいわれて何十年もたつにもかかわらず、いまだに手を焼いているのは、西洋医学だけに頼っていることが理由だと思います。

人間まるごとを見るホリスティック医学は、人間という階層を対象としています。臓器はもちろん、こころやいのちの問題、生活のあり方も取り扱います。がんは単なる臓器の故障ではありません。もっと幅を広げて、ホリスティックな立場で対処する必要があるのです。

さらに、人間という階層は独立したものではなく、場の階層の原理に従って、素粒子から虚空までのすべての階層と関係しています。このこともとても重要です。人間という場の状態は、上の階層や下の階層からの影響を強く受けているし、同時に影響を与えてもいるのです。

白隠さんは「虚空と一体になれ」と言いました。虚空はすべての階層を含み、虚空ならではの性質をもって存在しています。その虚空と一体になることができれば、虚空から素粒子まですべての階層を手の内に入れることができます。

場の階層ということで考えると、私たちは虚空の一部であることがよくわかります。

スピリットとソウル

「虚空のエネルギーと私たちのいのちのエネルギーとはどう違うのですか？」

講演会でよく出る質問です。

この質問を受けるたびに思い出すのは、アメリカで行なわれたホリスティック医学の研修会のことです。

日本からの参加者のひとりがアメリカ人の講師に「スピリットとソウルの違いを教えてください」と質問しました。日本語ではスピリットもソウルも「霊」や「魂」と訳され、さらに「霊魂」という言葉もあり、私たち日本人には霊と魂の区別がよくわかりません。

英語ならスピリットとソウルがはっきりと分けられているのではないだろうか、とその質問者の方は思ったのでしょう。とてもいい質問です。

スピリットとソウルの違いが明確になれば、いのちの本質をよりわかりやすく説明できるかもしれません。私も興味をもってそのやりとりに耳を傾けました。しかし、講師の方もあいまいにしか答えられません。ちょっとがっかりしましたが、それでも、このやり取りは私の直観を働かせるきっかけにはなったようで、話の断片を拾いながら私なりに解釈したのが、虚空のエネルギーが「スピリット」。私たちに宿ったスピリットの一部を「ソウル」と呼ぶのではないか、というものでした。

このひらめきには手ごたえがありました。しかし、誤って理解したのでは、講演で話したり文章にしたときに恥をかいてしまいます。そこで、懇意にしている京都大学のカール・ベッカー博士に電話で相談しました。ベッカー博士はアメリカ生まれの宗教学者で、英語はもちろん、日本に一九八三年から暮らしていますので日本語もすばらしく達者です。仏教にも詳しいので虚空のこともよくご存じです。スピリットとソウルの解釈を質問するにはもってこいの方です。

彼は私の言わんとしていることをすぐに理解してくれて、「その解釈でいいと思います」と太鼓判を押してくれました。

虚空には生命の根源である完璧なエネルギーが充満しています。それがここでいう「いのち」です。英語ではそれを「スピリット」と呼びます。スピリットは虚空が包み込んでいるすべての存在、地球、人間、動植物、鉱物など、あらゆるものに宿っています。その中で、特に人間に宿ったスピリットのことを「ソウル」と呼ぶことにしたのです。呼び名が違うだけで、同じです。キリスト教の文化では、人間は特別な存在とされています。そのため、人間の中にあるスピリットだけを別の呼び名にしているのだと私は理解しました。

つまりスピリットもソウルも同じものなのです。場の階層で触れたように、虚空という場は宇宙から素粒子までのすべての場を包み込んでいます。当然のことながら私たちの体内にも虚空のスピリットが行きわたっているのです。これを西洋文明の担い手のだれかが、あるときソウルと呼んだのではないでしょうか。

生命場エネルギーを高める

西洋文明の担い手でない私は、特別のことがないかぎりソウルとは呼ばず、昔から「生《せい》命場《めいば》」と呼んでいます。私たちの体内にも電磁場や重力場があるように、虚空の場が生命に直結する場を形成しているからです。そしてその生命場のエネルギーが「いのち」。刻々と変化する生命場の状況が脳細胞を通して外部に表現されたものが「こころ」。生命場に生じた淀《よど》みのようなものが「からだ」、と考えています。

さらに私たちの内なる生命場のエネルギーが何らかの理由で下降したとき、それを回復するため生命場に本来的に備わっている能力を自然治癒力と呼んでいます。ギリシャの医聖ヒポクラテス（Hippokrátēs 前四六〇頃～前三七五頃）に端を発して西洋医学とともに長い歴史を刻んできた、私たちの健康維持になくてはならない自然治癒力の正体がいまだに掴めていない理由は、いのちもこころもからだも、そして自然治癒力そのものすら虚空の場の一部であるというところにあるようです。

私は外科医です。自然治癒力の偉大さを、長年目の当たりにしてきました。よく「神の手」と崇められる医者がいますが、外科医が腕を振るえるのは、患者さんに自然治癒力があるからにほかなりません。

私の専門は食道がんですが、胸を開けて食道にあるがんを切除し、胃をもちあげて、残った食道と繋ぎ合わせます。傷口を糸で縫っておくと、いつの間にか自然にくっついてしまいます。糸がくっつけたわけではありません。患者さんの自然治癒力によって、傷口がふさがったのです。いくら神の手といわれる高度な技術をもった医者でも、患者さんに自然治癒力がなければ、その腕を振るうことはできません。

傷口がふさがるのは縫った糸のせいではなく自然治癒力があるからだ、というのは外科医である以上、だれでもわきまえていることです。ただ医療現場ではそうしたことはまったく取り沙汰されませんから、自然に忘れてしまうのです。

自然治癒力が私の中でひとつの大事な概念としてふくらんだのは、外科医になって十五、十六年目。食道がんの手術に明け暮れ、精を出していた都立駒込病院時代です。免疫学に興味をもち、呼吸法に励むようになって、はっきりそれを意識するようになってからです。自然治癒力のおかげで手術がうまくいったと気づいたことで、私は、生命場のエネルギーである「いのち」、それと繋がる虚空と向き合えるようになったように思います。いのちのエネルギーを高めるには、虚空との交流が必要だとわかったのです。ですから、自然治癒力が私にとっての最初の虚空でした。たぶんあれが虚空を意識しはじめた第一回目のことでしょう。

ふたつ目、虚空が強烈に私の中に飛び込んできたのは、白隠禅師を知ったことでした。白隠さんは「生きながらにして虚空と一体になれ」と弟子たちに檄《げき》を飛ばします。この話を聞いたときには、まるで自分が言われたような衝撃を受けました。それ以降、虚空のことは頭から離れませんでした。「虚空と一体になる」ことこそ、白隠禅師の養生法なのだという結論に達し、私自身も虚空と一体になりたいと思ったのです。このおかげで、虚空と一体になるための『新呼吸法「時空」』を編み出すことができました（ちなみにこの呼吸法は、①予備功で心身をリラックス。②「天の気」「地の気」を取り入れて、からだに気をなじませる。③四億年前の波打ち際のリズム呼吸を想い出す。④虚空と交流する。⑤虚空と一体になる。⑥収功として、虚空から地上に還る――の六つの部分からなっています）。

三つ目が、七十歳を機に「今日を最後の日」と思って生きることにしたことです。明日もあさってもない、今日一日限りとしてしまうのです。

このことで、虚空をより身近に感じられるようになりました。病院には末期のがん患者さんがたくさん来られます。みなさん、死への不安を抱えています。不安を軽減させるにはどうしたらいいのか、ずっと考えていました。そんなときに、青木新門《しんもん》さんの『納棺夫日記』（文春文庫）に出会いました。そこには、「死に直面して不安におののいている人を癒せるのは、その患者さんよりも一歩でも二歩でも死の近くに立つことができる人だ」と書かれていました。

私は、どうしたらそんな位置に立てるだろうと考えました。死を真剣にとらえるために、「今日を最後の日」と決めました。ですから、その日の夕食は最後の晩餐です。本気でそういう生活をしていると、虚空が近づいてくるのを感じるのです。

地方に講演に行ったときには、帰りの空港や駅のレストランに入ります。ひとりで静かに八十数年の我が人生を振り返りながら盃を傾けます。そして死後の世界にも思いを馳せます。旅情に浸るのです。

そんなことを繰り返していると、今日一日に対する感謝がこみ上げてきて、思いは虚空へ飛びます。そうして一時《いっとき》を過ごしていると、すでにあの世へ行った人たちが酒の相手をしてくれます。うれしくてたまりません。至福のときです。虚空へ行くのが待ち遠しくなってくるのです。

四つ目がモンゴルの大草原です。第三章でお話ししましたが、二年に一度、モンゴルの大草原を訪問して虚空を感じて、癒されて帰ってくるのです。

五つ目が太極拳です。

太極拳はもともとは武術です。戦後、その健康効果が注目されて健康体操として広がりました。気功法のひとつだといえますが、私は太極拳には特別魅かれるものがあって、気功として一くくりにできないところがあります。

太極拳が好きな理由のひとつに、あの流れるように動いて止まることのない「套路《とうろ》」がありま す。套路というのは中国武術の主要な表現形式のことですが、一つひとつの動作がお互いに因果関係をもって繋がっています。そこにダイナミズムを感じるのです。前の動きがあるからこそ今の動きがあり、今の動きがあって、次の動きがあるのです。

太極拳はいくらやっても、これで十分という域には達することができません。あの世へ行っても続けたい、もっと上達したいと思わせてくれる奥深さがあります。今の私は、太極拳の一挙手一投足に虚空を感じています。

「自然治癒力」「白隠さんの教え」「最後の晩餐と旅情」「モンゴルの大草原」「太極拳」が、私にとっての虚空との交流であり、いのちのエネルギーを高める方法です。喜びの源でもあります。

この五つによって、生命場のエネルギー、いのちのエネルギーを最高に高めてあの世へ

大いなるいのちと繋がる。至福のとき。

飛び込んでいきたいと願っているのです。

虚空の意志

「何のために生まれてきたのだろう?」

こんな問いをよく耳にするようになりました。

自分の生まれた目的を知りたいと思うのは、虚空と繋がりはじめた証拠です。虚空にも意志があるに違いありません。虚空の意志というのは、自分の一部を地球に送り込んだ理由です。気まぐれということはないでしょう。すべての人は、虚空の壮大なプログラムに沿って、地球にやってきているはずです。虚空はその理由を知ってほしいと願っているだろうと思います。

「自分は何をするために地球に送り込まれたのでしょうか?」

ときには虚空にそう問いかけるのもいいかもしれません。しかし、神の啓示のように、言葉で答えてくれることはないと考えたほうがいいでしょう。自分で答えを探さないといけないのです。探すにも、とっかかりが必要です。

思い出してください。虚空のエネルギーがスピリットで、私たちはその一部をソウルとして宿しているのです。つまり虚空の情報は常に自分の内側にあるのです。内なる虚空はその答えを知っているはずです。

大いなる虚空からは答えが聞けなくても、内なる虚空は常に私たちを導いてくれています。自分はどう導かれてきたのか。そのストーリーを振り返ると、答えは自ずと発見できそうです。

たとえば、白隠さんは地獄の恐怖から出家を決めました。正受《しょうじゅ》老人に会って高慢ちきな鼻をへし折られました。托鉢で老婆に竹ぼうきで叩かれ、悟りを得ました。禅病になったときに内観の法や軟酥の法を知り、回復しました。

彼はさまざまな出来事をそのまま流さず、こころに留めて、自分の進む道を悟りました。何のために生まれてきたのか。すぐに答えは出ませんが、そのときそのときに起こった出来事が大事なヒントをくれます。そのヒントをもとに方向を決めて進めば、必ず生まれた理由が見えてくるはずです。

節目節目の出来事がカギです。これまでの自分を振り返ってみると、これがヒントだったと思い当ることがあるはずです。それを糸口に、内なる虚空と対話をしながら、自分は何のために生まれてきたのかという難問に迫っていってはどうでしょう。

繰り返しになりますが、私の場合、話すのが苦手だったので、話さなくてもいい仕事はないものかと探していたら、医者という職業に行き当たりました。

たまたま我が家に往診に来てくれた医者が無口だったり、医院の待合室に「先生に話しかけないでください」という妙な看板がかかっていたことが決め手でした。しかし考えてみれば、話好きな医者もいるし、妙な看板を出している医院は当時も少なかったはずで、「医者＝話さなくていい」という式は成り立たないのです。もしおしゃべりな医者が往診に来ていたり、あの看板がなかったりしたなら、私は医者になっていなかったかもしれません。

からだが小さく、強くなりたいと思って空手や柔術を習ったことから呼吸法に出会い、白隠さんを知り、私の医療への考え方ががらりと変わりました。

答えは繋がりの中にある

私が医師の道を歩みはじめた一九六〇年代は多くの仲間がアメリカに留学したものです。アメリカの病院で臨床に携わる人もいましたが、多くは医学の研究施設に属して研究に携わっていました。

英語を話すのが得意ではなかったこともありますが、私はアメリカへ行こうとはまったく思いませんでした。西洋医学は日本で十分に学べると思っていました。

やがて、西洋医学だけではがんは治せないとわかって、中国へ行きました。中国医学には西洋医学の足りないところを補うものがあるに違いないと期待したからです。自分の意識がアメリカに向いていたら、中国へ行こうとは思わなかったかもしれません。

初めての訪中が一九八〇年九月。その際、北京の肺がん研究所附属病院で、生まれて初めて気功に出会ったのです。すでに調和道丹田呼吸法に励んでいたこともあって、気功を一目見た途端、「あっ、これは呼吸法ではないか！」と思い、間髪を入れず、「これこそ中国医学のエースだ！」と直観しました。

そして、一九八二年に中西医結合のがん治療を旗印にした、気功道場のある病院を故郷の川越に開設して以来、気功は私のホリスティック医学の中核をなしてきました。

蛇足ですが、気功も呼吸法も太極拳も、その基本に調身、調息、調心を据えていることでは、みな同じものとして扱っています。

こうやって自分の歩みを見直すと、すべて見事に繋がっています。自分の過去を見直すと、自分が今やっていることこそ、「何のために？」という問いの答えだと自信をもっていえます。

いま目の前に選択すべきことがあったとしたら、これまでの繋がりを考えることで、どの道を行けばいいかがきちんと見えてくるものです。

私は二〇〇九年に病院を新しくしました。ベッド数は九十九床と以前の病院と変わりませんが、全室個室というかなりぜいたくな造りとなっています。

新築したとき、私は七十三歳でした。常識的に考えて七十三歳で多額の借金を背負って新しい病院を建てるなど無謀なことです。私も少しは考えました。しかし、スタッフのひと言で決心しました。

「先生、もうひと勝負しましょう」

力強いひと言でした。今思うと、白隠さんがスタッフの口を借りて私の背中を押してくれたのかもしれません。

白隠さんは七十五歳のときに、静岡県三島に龍澤寺《りゅうたくじ》というお寺を建てました。お釈迦さまや仏教の発展に寄与した高僧たちの恩に報いようとしたようです。そして、このお寺を自分の考えを全国に発信する拠点にするという思いもあってのことでした。当時の七十五歳というのは今とは比べものにならないほどの高齢です。それでも決断した白隠さんに敬意を表わさないわけにはまいりません。勇気をもらいました。

白隠さんの後押しもあったこと、さらに自分の生きてきた道を振り返れば、新しく病院を建てるかどうかは明白です。やるしかありません。

西洋医学だけでは足りない。だから中国医学を取り入れよう。それでもまだ足りない。世の中にはさまざまな治療法があるじゃないか。こころのもち方も重要だ。虚空にまで思いを広げたい。医療とは何か？　生きるとはどういうことか？　病気には意味があるのか？　死とは何だろうか？　死後の世界はあるのか？

欲張りすぎるほどいろいろなことを追い求めました。私は哲学者ではありません。単なる医療者です。自分が求めたものを実践して表現する場が必要です。それが病院です。

それなら造るしかあるまい。年齢など関係ありません。自分が生きている間に、追い求めてきたことが実現するとは思えません。しかし、途中としてでも、ある程度の形にさえしておけば、次の世代の人がいのちの本質に迫る大切なヒントになるのではないか、そんなことを思っての決断でした。白隠さんが龍澤寺を建てると決心したときの熱い気持ちが乗り移ったような気がしました。

銀行がお金を貸してくれるかどうかは心配でしたが、資金繰りも土地の手当ても、思いのほかスムーズに進みました。たぶん、虚空からの応援だと思います。

私の場合、「何のために生まれてきたか？」と問われれば、くどくど説明しなくても、病院を見てもらえばわかってもらえると考えています。まだまだ未完成ですが、もう少しがんばって完成形に近づけた上で、次にバトンタッチしたいと思っているのです。

鎧を脱ぎ捨てる

この地球でどう過ごすか。それ次第で自分のソウルの質が良くもなれば劣化もします（前に私は「ソウル」ではなく「生命場」と呼ぶといいましたが、ここでは流れに沿ってソウルと呼びます）。地球は誘惑の星です。せっかくぴかぴか輝くソウルを虚空からもらってきたのに、誘惑に負けてしまうと曇ってしまいます。

「知者も善者も浮き世を見るに色と金には皆迷う」

白隠さんの言葉です。

「欲を心から離れてみやれ　何がなくとも充分じゃ」

とも言っています。

仏教では「貪瞋癡《とんじんち》」といいますが、人はこの三毒に苦しめられるのです。

「貪《とん》」は、貪欲です。好きなものに執着してどうしても手に入れようとし、手に入らないからといっては苦しんでいます。

「瞋《じん》」は、怒りです。嫌いなものや他人に腹を立てて、責め立てたりすることがあります。怒りに任せて他を言い負かしても、後味が悪いものです。

「癡《ち》」は、すべてを自分の思いどおりにしたいと思うこころです。この地球では思いどおりにならないことのほうが多いので、結局、自分が苦しみます。

虚空からもらったソウルの上に貪瞋癡という鎧を身にまとったのでは、せっかくの力が発揮できず、いい仕事もできないまま一生を過ごすことになります。いい仕事どころか、鎧をまとっていると何をすべきかが見えないので、深い迷路に入り込み、苦しまなくてもいいことで苦しむことになるかもしれません。

がんになって死と直面することで、人生が変わる人がたくさんいます。貪瞋癡の鎧を脱ぎ捨てて、素《す》の自分が表に出てきたのだろうと思います。

病や老いや死は嫌がられますが、病むこと、老いること、死と直面することで、ソウルが磨かれることがあります。ぎりぎりの厳しい状況に置かれることで、それまで眠っていた遺伝子がオンになることがある、と分子生物学者の村上和雄先生も言っています。隠れていた能力が発揮されたり、本来の自分の姿を見ることができるようになるのです。

年を取ることを嫌がって、アンチエイジングに夢中になっていると、大切なことを見逃してしまいます。

ソウルを磨く

私の大好きな哲学者・池田晶子さんはこんなことを書いています。池田さんは、二〇〇七年に腎臓がんで亡くなりました。

「人間は肉体と同時に精神です。肉体は必ず年をとるものですが、精神は全く年などとらないともいえる。精神がうまく年齢を重ねてゆくことができた場合、成熟するというふさわしい言い方があります。ソクラテスは言いました。『人生の目的は魂の世話をすることである』」（『死とは何か　さて死んだのは誰なのか』毎日新聞社）

精神の成熟とは、虚空の意志に気づき、その意志に沿った生き方をするということではないでしょうか。そして魂の世話をするのは、ソウルを磨くということだと思います。

病気は嫌だ、年を取りたくない、死にたくないといっていると、いつまでも精神は成熟しないし、魂の世話も手抜きになってしまいます。貪瞋癡《とんじんち》に支配され、苦しみの人生を送らないといけなくなるかもしれません。

虚空には老いも病も死もありません。私たちのいのちは永遠に生きつづけます。たまたま虚空の一部をもらって、肉体をもって不自由な世界で生きるのです。それは修行です。不自由で、欲望の渦巻く中で、もらったソウルを維持すること。それが、私たちに課せられた大事なテーマだと思います。

どんな境遇であれ、私たちは貴重な時間を地球で過ごしています。私たちは虚空と繋がっていて、虚空の一部を宿しています。そのことに早く気づいて、虚空の声を聞きながら、その意志に沿った生き方をしたいものです。

その手段として、白隠さんは『延命十句観音経』を残してくれました。大いなる虚空に思いを馳せて、内なる虚空に耳を傾けて、『延命十句観音経』を朝に夕に大声で唱えてください。

なぜ虚空なのか?

前に「場の階層」のお話をしましたが、上位の階層は下位の階層の性質をすべてもっているという原理があります。たとえば、人間という階層はひとつ下の階層の臓器の性質をすべてもっていて、さらに、こころやいのちが加わります。

人間という階層にいて人間を見る場合と、もっと上位の地球という階層から人間を見るとでは、見方が違ってきます。現代のように人間にとっての利便性ばかりを求めることは、地球にとってはあまり適切な行動とはいえません。もっと深い考察ができるはずで、宇宙の階層から見ると、また違った見方、考え方が生まれるでしょう。

もっとも上の階層は虚空です。虚空という階層から見たときに、どんな景色が広がるだろうか。そこに私の興味はあります。

先日、科学問題研究家で、見えない世界にも造詣の深い阿久津淳さんと対談しました。

彼はこう言いました。

「『死の恐怖』から普通に脱出可能な方法はないのだろうか？　私はそれが『虚空』ではないかと思うのだ」（『虚空にあそぶ』本の研究社）

私たちは常に生から死を見ています。「ある」ものがなくなるという感覚です。あるものがなくなる――そこには恐怖や不安が伴います。しかし、死から生を見れば、恐怖や不安はまったくなく、生きているだけでありがたいと思えてくる、というわけです。

そのとおりだと思います。だれにも死は平等に訪れます。死なない人はいません。にもかかわらず、死のことを考えようともしないで平然としている人があまりにも多いのではないでしょうか。

虚空という階層に立てば、死後の世界も当然含まれますから、もはや生に執着することはありません。死を当たり前のこととして受け入れることができます。

私はそれを「生と死の統合」と呼んでいます。

虚空と繋がるというのは、生と死を統合することです。生と死が統合できた人は、ある意味悟りを得た人ですから、人間という階層を超えた魅力にあふれています。共通しているのは亡くなり方です。見事です。

生と死を統合する

私が初めて「生と死を統合したな」と思った人は、太極拳の師である楊名時《ようめいじ》先生です。楊先生とはとても気が合いました。先生が病を得るまでの六、七年間、月に二、三回は先生のお宅でお酒を飲んで語り合いました。語り合うと言っても、特別のテーマがあったわけではなく、とりとめもないことを話すだけ。その時間が楽しくて、貴重なものでした。

先生はよくおっしゃいました。

「あなたは私の主治医さんだ。私は生きるも死ぬも、あるがまま。それを承知しておいてよ」

医学的な介入はしないでくれということだと解釈しました。しかし、病院という場所で医学的介入はするなというのは難しい話です。「わかりました」とはなかなか言えませんでしたが、それでもなるべく意に沿えるようにと、先生の言葉を頭に刻みつけました。

「死ぬときはあなたの病院に決めている。頼みましたよ」

そうもおっしゃっていました。

これも私にとってはストレスでした。私の病院で先生をお見送りすることに異存はありません。しかし、本当にそれで満足していただけるのだろうかと、一抹の不安があったのも事実です。

あれは二〇〇五年七月三日の朝のことです。都内のホテルに泊まっていた私に連絡が入りました。私の病院に入院していた楊先生の旅立ちが近い――という知らせでした。翌日、愛知万博で講演をする予定になっていましたが、私の病院で死にたいとおっしゃっていた先生の臨終に私が立ち合わないわけにはいきません。講演をキャンセルして病院に戻りました。楊先生の病室に入ると、先生は目をつむって、すでにあえぐような呼吸でした。死期が近いのは間違いありません。「……先生」と、そっと呼びかけました。すると、先生の目がぱっと開いて、右手が伸びてきました。私がその手を握ると、力いっぱい握り返してくれました。すぐ左手も伸びてきたので、左手もしっかり握りました。それが先生とのラストシーンでした。

お孫さんが四、五人、お別れに駆けつけました。先生は、言葉をかけながら一人ひとりの手を握り、全員の手を握り終えると、心臓が止まったのです。

その姿を見て、「楊先生は生と死を統合したな」と私は思いました。

しかし、考えてみれば、先生はこのとき生と死を統合したのではなく、そのずっと以前から統合していたのでしょう。先生といるだけで心地良かったのは、生と死を統合していた人のそばにいる喜びがあったからだろうと思っています。

先生のあの温かな雰囲気は虚空のものだったのでしょう。ですから私が死んで、あちらの世界に行ったとき、先生と盃を酌み交わすのが楽しみなのです。

そのあとも、「生と死を統合したな」と思える人に何人か出会いました。

「良ちゃん、悪いな。先に行くぜ」

そのひとりが、幼馴染の「てっちゃん」（奥富哲郎《おくとみてつろう》さん）です。てっちゃんとは家も隣同士、よく遊びました。小学校、中学校は同じでしたが、互いに違う高校へ進学してからは会うことも語り合うこともありませんでした。

ところが、つい五年ほど前です。彼が病院にやってきました。肺がんの末期でした。漢方薬を出してほしいと、二週間に一度くらいの割合でやってきました。そのうちに、月に一度くらいは飲もうということになり、彼の行きつけの寿司屋に行っては「てっちゃん」「良ちゃん」の呼び名で昔話に花を咲かせました。

あるとき、てっちゃんが救急車で病院に運ばれてきました。かなり厳しい状態です。病室に入って落ち着いたころ、私は顔を出しました。すると彼はにこっと笑ってこう言うのです。

「……おい、良ちゃん、悪いな。先に行くぜ。向こうで会おう」

あのてっちゃんの笑顔は忘れられません。間もなく亡くなりましたが、彼も最後は生と死を統合して旅立っていったのだと思います。

虚空と繋がるには

私たちは生と死を統合することで虚空と繋がることができます。簡単なことではありませんが、だからこそ、日々淡々とトレーニングをする必要があるのです。

私は次の五つを心がけて、少しでも虚空に近づこうと努めています。

①早朝の『延命十句観音経』。一回だけですが、大声で、こころを込めて唱えます。

②早朝の太極拳。これも一回だけですが、ダイナミズムを感じながら舞っています。

③相手の生きるかなしみを敬う。私は出会った人の奥深いところにあるかなしみにアクセスするようにしています。虚空を意識するようになると、あらためてこの世のこと、やってくる人のこと、身の周りのことが気になってきます。すぐそばにいる人、向き合っている人に目が行くのです。そのとき、相手に対する敬意を覚えるのです。

④旅立ちを見送る。仕事柄、私は亡くなる人をお見送りすることがよくあります。亡くなってしばらくすると、だれもが安堵の表情になります。そこに虚空を感じることができます。

⑤旅情に浸る。旅先で、ふと足を止め一杯飲みながら自分の来た道を振り返り、行く道に思いを馳せます。

人によって違っていいと思います。これは私のケースです。その入口は『延命十句観音経』です。一番簡単で、だれでもできます。虚空とつながる入口として、このお経を唱えてみてください。

虚空とともに生きていた加島さん

老子の詩があります。虚空という階層からの光景をイメージしたものといえるでしょう。この詩は、私の尊敬する友人、加島祥造さんが訳したものです。加島さんは英文学者ですが、英文の『老子』を読むことで老子にのめり込みました。高齢になってもかくしゃくとしていて、淡々とこの世を見ていました。彼も虚空と繋がった人だと思います。虚空の色気が漂っていました。だからこそ、あんなにも女性にもてたのでしょう。

《静けさに帰る》

虚《うつろ》とは

受け入れる能力を言うんだ。
目に見えない大いなる流れを
受け入れるには
虚《うつろ》で、
静かな心でいることだ。

静かで空虚《うつろ》な心には、
いままでに映らなかったイメージが見えてくる。
萬物は
生まれ、育ち、活動するが
すべては元の根に帰ってゆく。
それは、静けさにもどることだ。
水の行く先は──海
草木の行く先は──大地
いずれも静かなところだ。
すべてのものが大いなる流れに従って

定めのところに帰る。
（そして、おお、再び甦《よみがえ》るのを待つ。）

それを知ることが智慧であり
知らずに騒ぐことが悩みの種をつくる。
いずれはあの静けさに帰り
甦るのを待つのだと知ったら、
心だって広くなるじゃないか。
心が広くなれば
悠々とした態度になるじゃないか。
そうなれば、時には
空を仰いで、
天と話す気になるじゃないか。
天と地をめぐって動く命《いのち》の流れを
静かに受け入れてごらん。
自分の身の上をくよくよするなんて

ちょっと馬鹿らしくなるよ。

『タオ―老子』第十六章（ちくま文庫）

（第七章）地球の場

世界中で起こっている異変の原因は？

私はテレビをほとんど見ません。新聞もあまり読みません。インターネットを見ることもありません。ですから、世の中で何が起こっているかにはとても疎いのです。とはいえ何も知らないのも良くないと思い、早朝のＮＨＫのテレビニュースだけは見ています。たった三十分ほどのニュースですが、見ているうちに気が重くなってきます。嘆かわしい話題ばかりでだんだん腹が立ってきます。

最近は新型コロナウイルスの話題ばかりです。様子のわからないウイルスが蔓延してだれもが不安を感じているところに、余計に不安をあおるような報道です。亡くなったり重症になった方は本当にお気の毒です。油断せず、注意をするに越したことはありません。しかし、過度に不安をもつと免疫力が低下します。免疫力が下がれば当然、感染しやすくなります。

重症化した人の話ばかりが流れます。中には陽性になったけれども大した症状が出なかった人もいるし、回復して元気になった人もいるはずです。「大変だ」という話題ばかりではなく、良くなった人の情報も流してくれると、少しは安心するのではないでしょうか。知らぬが仏といいますが、解剖学者の養老孟司さんが面白いことを言っていました。

もし「新型コロナウイルス」という存在がわかっていなければこんな大騒ぎにはならず、単に「今年は肺炎で死ぬ人が多いな」くらいで終わっていたかもしれない、と。

本当にそうかもしれません。今は情報過多で、あちこちからさまざまな情報が入ります。情報がないと不安になり、かつ、それがネガティブなものばかりなので、ますます不安が膨らむ――という悪循環にはまり込んでしまうのです。

「生命場」と「地球の場」

私は、世の中が不穏になっているのは、地球の場のエネルギーが低下しているからだといってきました。

私たち人間は、車のように臓器という部品を集めてできているものではありません。生命を生命たらしめている何かの力が働いているはずです。その力を、私は「生命場」と呼んでいます。私たちのからだの一つひとつの臓器や細胞が生命場の中に浸っているというイメージです。生命場は、さまざまな外的・内的条件の変化によって常に変動しているというです。明るく笑っているときと、ひどく落ち込んでいるときの生命場の状態は違っているはずです。

生命場は細胞にも影響を与えます。コロナウイルスで不安になっていると、生命場のエネルギーが低下して、細胞も影響を受けて不健康になります。細胞が不健康になれば、元気でいられなくなります。逆に細胞が元気になれば、私たちの生命場のエネルギーが高まり、元気を取り戻します。

地球にも場はあります。地球という場の中に、人間だけでなく、動物や植物、鉱物が浸っているわけです。

その「地球の場」が劣化しています。二〇一一年の東日本大震災をはじめ、日本各地で地震や水害など天変地異が起こっています。むろん日本だけではありません。災害、異常気象、温暖化などで、とても住みにくい地球になっています。さらに、戦争があちこちで起こっています。世界大戦のように大規模ではなくても、地球上のどこかで殺し合いが行なわれています。武器も高性能になり、小さな紛争でも、たくさんの人間がケガをしたり亡くなっています。

殺人事件はどうでしょう。日本だけを見れば減っているようですが、世界ではかなり増えているのではないでしょうか。凶悪な殺人が多くなっているような気もします。飢餓や貧困の問題もあります。

そして、新型コロナウイルスです。コロナウイルス騒ぎの前から、がんをはじめとする難病で苦しむ人がたくさんいました。医学は発展したといわれていますが、病気はそれ以上に増えているように感じます。うつ病など、こころの病気も増加の一途をたどり、自らいのちを絶つ人も少なくありません。

問題は山積みです。原因を個々に見ることも大切ですが、もっと視野を広げてながめると、地球の場に問題があるという見方もできると思うのです。

地球の場が劣化した原因は何でしょうか。回復させるにはどうしたらいいのでしょうか。

ホピの予言。浄化の日

地球の場について考えるとき、いつも思い出すのがネイティブアメリカンのホピ族のことです。一九九四年の夏。手から気を出して人を癒す外気功のグループ（真氣光《しんきこう》）の代表である中川雅仁さんに誘われてホピ族の村を訪ねました。中川さんの活動を取材していたライターの小原田泰久さんを含む三人の旅です。成田からロス。ロスで飛行機を乗り換えてフェニックスへ。さらにもう一度乗り換え、フラグスタッフという小さな飛行場に降りました。そこで映画監督の宮田雪《みやたきよし》さん、彼の協力者である大場正律《おおばまさみち》さんと合流しました。宮田さんと大場さんは現地に長く滞在していて、ホピ族の取材・撮影をしていました。

ホピ族には古くから伝えられてきた予言がありました。予言というより、「人類はあるときから道を間違えて破滅へと向かう可能性があるから注意しなさい」という創造主からのメッセージであり警告でした。ホピの人たちはそのメッセージを忠実に守って生きていました。

しかし、侵略者たちは警告を無視し、聖なる大地からウランや石炭を掘り出しました。大地は母です。掘り起こすようなことをしてはいけないというのが創造主からの大事なメッセージのひとつでしたから、ホピの人たちはこれ以上大地を傷つけさせまいと、その予言を世界に伝えはじめました。

宮田さんはホピ族のメッセンジャーと会う機会があり、予言のことを知りました。このままでは人類が滅亡するかもしれない。予言をたくさんの人に知らせないといけない。彼は、使命感をもってドキュメンタリー映画『ホピの予言』（一九八六年）を作ったのです。中川さんは宮田さんの活動に共鳴し、この映画を広めるべく応援していました。

ホピの村では、マーティンさんという長老の質素な家を訪ねて話を聞き、言い伝えが絵として刻まれている岩にも案内してもらいました。

私はせっかくだから岩に描かれた絵を写真に残そうとカメラを出しました。シャッターを押そうとしましたが、動きません。別のカメラで撮ろうとしても同じでした。何か霊的な力が働いたのでしょうか。

ホピの予言によると、今、地球は「浄化の日」の真っただ中にいます。浄化というのは

ホピの岩絵の前で。左から著者、宮田雪さん、中川雅仁さん、小原田泰久さん。

きれいになることですが、結果的にきれいになるとしても、その途中で、全世界を震わせる大きな出来事が起こるのです。

私たちがホピの村を訪ねた翌年に、阪神淡路大震災が起きました。「これが浄化なのか……！」と私もテレビの衝撃的な映像を見ながら言葉を失ってしまいました。しかし、それだけではすみませんでした。

「劇的なる変化は、活動に激しさを加えつつ世紀を超えて、二十一世紀の最初の二十年を支配することになっている」『虹の戦士』（北山耕平翻案　太田出版）という本に、浄化の日のことが書かれていました。劇的なる変化というのは浄化のことでしょう。一九九九年に発行された本です。二十一世紀の最初の二十年。まさに二〇二〇年のことです。

何を浄化するのでしょうか。ホピの予言によると、この世が誕生したとき、創造主は自然と調和して生きる道を人類に示しました。ところがあるときから、人類は物質を神さまとする生き方をするようになりました。物欲に走り、自然を支配し利用しようとするようになったのです。その象徴が、ホピの村で起こっている聖なる大地からウランや石炭を採掘して儲けようという乱暴な経済活動です。ウランは、核兵器や原子力発電の燃料として不可欠です。聖なる大地を掘り起こすことで、人類が滅亡しかねない危険を生み出したのです。

人間は、欲に溺れて地球の場を壊しはじめました。しかし、地球も生き物です。だまって壊されはしません。場が壊れれば、自然治癒力が働いて修復しようとします。それを、ホピの人たちは「浄化」と呼んでいるのです。

地震も異常気象も人間にとっては災害ですが、地球にとっては浄化です。それが二〇二〇年まで、だんだんと激しさを加えながら続くという予言なのです。

二〇二〇年、この原稿をまとめている最中、新型コロナウイルスで世界が激震しています。地震は局地的ですから、被害に遭っても逃げられるし、被害のなかった国や地域から助けに行くことができます。しかし、ウイルスは全世界に広がって、すべての国が右往左往していて、ほかの国の援助にまで手が回りません。逃げる場所もありません。

地球の場が回復している

そんな中で、なんとも皮肉に思ってしまう現象が起こっています。コロナウイルスが広がることで人間の経済活動が縮小されて、大気汚染が改善されたり、川や海がきれいになっているのです。

人間が右往左往しているうちに、地球の場が元気を取り戻してきました。

ホピの予言では、浄化が進むと、物質を神さまとする道を進んでいてはダメだと気づく人がたくさん出てくる、といわれています。私のまわりでも、不安やストレスを抱えながらも、地球の場が良くなっていることを感じとり、それを励みに難局を乗りきろうとしている人がたくさんいます。彼らは創造主が示してくれた、自然と調和して生きる道へと戻ります。しばらくは平坦ではない道が続くとしても、先には平和で穏やかな世界が待っているのです。

いま起こっている出来事を浄化ととらえて生き方を変える人には、新しい世界が広がってくるでしょう。過去にとらわれ、生き方を変えられない人には、つらく苦しい世界が待っているかもしれません。

白隠さんも大変な時代を生きました。今よりもっと悲惨だったのではないでしょうか。家を失い食べ物もなく、人々は路頭に迷っていました。白隠さんは虚空に救いを求めればいいと説きました。その手段として『延命十句観音経』をすすめたのです。泣いてもわめいても嘆いても、状況は変わりません。こういうときこそ、目に見えない大きな力にすがろうじゃないか。そうすれば虚空はきちんと守ってくれる、と。

白隠さんが富士山大噴火のときに本堂に坐りつづけたのは、虚空を信じて虚空に祈れば、ケガひとつしない姿を多くの人に見せることで、虚空を観じてもらいたかったのではないでしょうか。

虚空には慈悲のエネルギーが満ち満ちています。慈悲とは、他人のために施《ほどこ》すことです。とはいっても「こんなことをしてあげた」では慈悲ではありません。見返りを求めず人のために何かすることです。白隠さんには「人のため」という意識がなかったのかもしれません。困っている人がいれば、救いの手を差し伸べようと勝手にからだが動いたのではないでしょうか。大噴火のときに虚空を信じて逃げなかった姿は、多くの人に勇気を与えたはずです。いのちをかけた行動でした。

その姿を見たり、話を聞いた人たちは、白隠さんがすすめる『延命十句観音経』を唱えていれば大丈夫なんだという安心感をもつことができたはずです。

繰り返しますが、私たちは虚空の一部です。慈悲のエネルギーをたくさんもらっています。白隠さんは、『延命十句観音経』で虚空に救いを求めるとともに、こういう大変なときこそ、虚空と一体となって、慈悲のこころで生きようじゃないかといっていたのではないかと、私には思えるのです。白隠さんの姿に勇気をもらった人の中には、今度は自分がまわりに勇気を与えようと立ち上がった人もいるに違いありません。

私たちは物質的に豊かになって、大きな力に生かされていること、守られていることを忘れてしまいました。人間は特別な存在で、自然を利用する権利があるのだと勘違いしてきました。ごう慢な考え方です。

今は方向転換をする時期です。もっと謙虚になって生きるべきときです。地球の場を高めるには、それしか方法はありません。

新型コロナウイルスとの付き合い方

新型コロナウイルスの流行は、生き方や考え方を変える大きなチャンスです。このチャンスを生かして地球の場を高めていかないといけません。このまま地球の場が低下していけば、浄化もこんなものではすまなくなるかもしれません。大変な状況であることは間違いありません。ここで踏ん張って、新しい世界を作っていくのが、いま、この時代に生きる私たちの役割ではないでしょうか。

新型コロナウイルスについて、私なりの見解をお伝えいたします。

ポイントは三つあります。
①世の中は、人が死ぬことを受け入れて成り立つ。
②人もウイルスも、ともに地球《ガイア》の一員である。
③こころなごやかにウイルスと接しよう。
順番にお話しします。

人は必ず死ぬことを、改めて視野に入れながら生きる必要があります。人だけではなく生きとし生けるものすべてがいつか死にます。

そんなことはだれでも知っているはずですが、元気でいるうちは死の実感がありません。自分だけはいつまでも生きられると錯覚しています。

私たち医者は病気を治すのが仕事ですから、病気が治らない、つまり患者さんが死ぬのは敗北だと教えられました。がんを専門とする医者はだれよりも敗北の味を知っています。

「何とか助けたい」

そう願いながらもたくさんの人が亡くなり、自分の力のなさに何度失望したことか。しかし、医者は人の生き死にをコントロールできるというのは思い上がりです。医療行為によって少しはいのちを永らえさせることはできるかもしれませんが、だからといって、医者は威張ってはいけません。

末期のがんから生還する人もいます。もちろん、そのドラマに医者も関わってはいますが、主役は患者さん自身の生命力です。いくらいい治療をしても患者さんに生きる力がなければ亡くなり、生きる力があれば、治療法と関係なく回復することもあります。「○○療法で末期がんが治った」という本がたくさん出ていますが、実際には、治った人もいる、という程度のものだと思ったほうがいいでしょう。本当に医者の力で治せるなら、すべてのがん患者さんが元気になっていいはずです。残念ながらそんな医者はどこにもいません。

死から目をそらさずに

今回のコロナ騒ぎでも、医療者は何とか患者さんを助けようと一所懸命になっています。すばらしい行為ですし、私も同じ医者として、自分が感染するかもしれないのに、使命感をもって治療に臨む彼らを誇りに思います。

しかし、どんなにがんばっても、死を避けることはできません。この世の中は死を受け入れることで成り立っています。コロナ騒ぎのケースでも、死を嫌い、感染を恐れて少しでも防ごうとしていますが、あまりにも過剰な防衛をしてしまうと、人間の営みが途絶し、経済が破綻し、社会が崩壊してしまいます。会社がつぶれて立ち行かなくなる人も出てきます。そういう人たちが絶望して自らいのちを絶ったとしたら、何のための感染予防かわかりません。

新型コロナウイルスで亡くなった方やそのご家族のことを思うと胸が痛みますが、新型コロナウイルスに限らず、さまざまな原因で、日々たくさんの人が亡くなっている現実にも目を向ける必要があると私は思います。数字で語るのはあまり好きではありませんが、改めてどれくらいの人が亡くなっているのか調べてみました。

日本国内での死者数は年間約一三〇万人。一日にすると三五〇〇人ほどが亡くなっています。そのうちがんによる死者は年間三〇万人以上います。一日当たりにすれば一〇〇〇人近くになります。インフルエンザでも毎年三〇〇〇人以上が亡くなります。交通事故での死者は三〇〇〇人以上、自死者は約二万人です。

人の死も含めた上での社会です。死だけを取り去ろうとしても無理な話です。できるだけ死者を減らそうという努力は必要ですが、同時に死を受け入れることも大切です。

生命にはアポトーシス（プログラムされた細胞死）という機能があります。

細胞が自ら死を選び、全体を守るというシステムです。がん化した細胞はアポトーシスして、がんが広がるのを防ぎます。おたまじゃくしのしっぽはある時期になると、アポトーシスによって消えます。生かすための死もあります。無駄死になどひとつもない、と私は思っています。

私たちは、死は良くないことだと思い込んでいます。長く暮らした家族や親しい友と死別するのはかなしいことです。しかし、どんな人も必ず死にます。避けることのできない定めです。そこから目をそらしてはいけないと思います。

コロナウイルスは人間にとってはやっかいきわまりないものですが、いたずらに怖がらず、死を考えてみるきっかけにしてみてはどうでしょうか。死を思えるからこそ、人は良く生きられるのだと、私は思っています。

虚空が守ってくれる

『延命十句観音経』に「仏法僧縁」とあります。私たちは仏さまと自然界の法則と地球に暮らす仲間との縁によって生かされているという意味でしょう。この教えに沿って、ウイルスとの付き合い方も考えないといけません。

いま、新型コロナウイルスは完全に悪者です。テロリスト、殺人鬼の扱いです。私たち人間の立場だけで見れば、さまざまな不都合を引き起こすとんでもない存在です。しかし、先ほどもいいましたが、地球の場は新型コロナウイルスのおかげで回復しているという面もあります。ガイアという生命体としての地球から見れば、救世主かもしれません。

これまで私たちは人間中心で物事を見て判断してきました。もっと視野を広げ、視点を変えて、地球の立場で物事を見ると、行動は変わってくるはずです。ホピの予言にあったように、地球から搾取するのではなく、地球に育まれ、守られ、さまざまな生きる手段を恵んでもらっていると考えられるはずです。自然と調和した生き方ができると思います。

ウイルスも地球という惑星に住む仲間です。あまりにも人間が調和を崩してしまったために、ウイルスが暴れはじめたのではないでしょうか。

地球は生命体だとするガイア理論からすれば、すべての生き物が棲み分けをきちんとすれば、お互いが地球の場を高めるために協力し合える関係でいられるはずです。

私は、今回の騒ぎは、人間がウイルスの領分にまで足を踏み入れてしまったために起こったのだと思います。

すべてのいのちを尊ぶこと。細菌であろうとウイルスであろうと、私たちの大切な仲間なのです。

ウイルスの広がりを抑える必要はあるとしても、その先にはウイルスと共存できる社会をイメージして行動しないといけないと思います。残念ながら、その過程である程度の死者は出るだろうと思います。しかし、亡くなる人は、ウイルスと共存できるより良い社会を作るためにアポトーシスした尊い人たちであることを忘れてはいけません。

ホピの予言と新型コロナウイルスへの私見を述べましたが、地球の場を高めるためには、私たち人間が生き方、考え方を変えないといけません。

私たちは地球の場から大きな影響を受けていながら、私たちの場が地球の場を左右しています。一個一個の細胞が活性化すれば私たちが元気になれるのと同じで、地球の場を高めるには、私たち人間一人ひとりの場が高まらないといけないのです。自らの場を高めるひとつの方法として、白隠さんは『延命十句観音経』を残してくれました。

もうひとつ忘れてほしくないのは、何度もいいましたが、虚空は慈悲のエネルギーに満ちていることです。決して罰を与えたりすることはありません。虚空は、自らが抱えている宇宙全体が幸せになることを考えています。宇宙の秩序も大切。人間一人ひとりのいのちも尊い。ウイルスも虚空の子どもです。すべてがいい方向に向かうよう、虚空は考えているはずです。とても難しいことですが、虚空は一番いい形の結末を用意してくれています。

その気持ちを受け止めて、自分勝手な生き方をやめて、ウイルスをも受け入れる寛大なこころをもって、地球が健康で幸せになるにはどう生きればいいかという視点で日々を見つめたいと思います。虚空はいつも私たちを見守り、寄り添ってくれる偉大な空間です。その一部を私たちもいただいています。安心して、勇気をもって一歩ずつ前へ進んでいきましょう。

（おわりに）

こんな時代だからこそ虚空に思いを馳せる

白隠さんを読み直し、見直すことで、改めて彼の偉大さを感じました。江戸時代に虚空に目を向けていたことは驚きです。

私は、からだ、こころ、いのちが一体となった、人間をまるごとそっくりそのままとらえるホリスティック医学に長く関わってきました。二〇一六年に、それだけでは足りないと気づき、「大ホリスティック医学」という考え方を提唱しました。

それは、本文でも紹介した「場の階層」のすべてを網羅する医学です。そのポイントは関係性です。哲学者の西田幾多郎《きたろう》さんは「全体は現実化されたかたちでとらえられるものではない。関係性の無限の広がりである」と言っています。

人間を単独で見ていては大ホリスティックにはたどり着きません。からだ、こころ、いのちだけでは不完全で、虚空から素粒子まで、その関係性を踏まえながらとらえないといけないのです。

そのためには、私たちは虚空の一部だと知る必要があります。私たちのいのちは虚空の一部です。虚空の記憶、虚空の意識を宿して生きている存在なのです。

そのことを白隠さんはとっくの昔に知っていました。彼は、日本中を歩いて、虚空という、当時の人にすれば想像もできない世界を語りました。そして、少しでもわかりやすく虚空を伝えるために『延命十句観音経』を広めたのです。

白隠さんの本を読んでいると、とても苦労した人だということが伝わってきます。私は、白隠さんと貝原益軒《かいばらえきけん》、佐藤一斎《いっさい》を、江戸時代の養生三傑《さんけつ》として尊敬しています。甲乙つけがたい偉人たちですが、苦労という点では白隠さんが一番でしょう。生死の境をさまようほどの大病で苦しみ、呼吸法とイメージ療法で克服したと思っていたら、今度はたくさんの弟子たちが修行のしすぎで病気になりました。死なせるわけにはいかないと必死になって、内観の法、軟酥の法を弟子たちに伝えました。貝原益軒も佐藤一斎も呼吸法について触れていますが、白隠さんの迫力はひと味もふた味も違います。なにがなんでも治してやる、という強い迫力が伝わってきます。

その迫力をもって、彼は庶民を救おうと立ち上がります。厳しい修行は庶民には受け入れられません。考えに考え抜いて、『延命十句観音経』にたどり着くのです。

たった十句の短いお経ですが、唱えていると、内なる虚空であるソウルに響きます。そこから、いのちのふるさとである大いなる虚空のスピリットに届きます。ソウルとスピリットが共鳴して、巨大なエネルギーが私たちのいのちに流れ込みます。計算し尽くされています。現代科学をはるかに超えた知恵であり知識です。感服するしかありません。だから、とんでもない奇跡が起こるのです。

一七六八年（明和五年）、白隠さんは八十四歳（満年齢で八十三歳）となりました。休みなく説法を続けていましたが、さすがに高齢ですから、はたから見ても疲れきっているのは明らかでした。十一月のある日、

「少し横になったらいかがですか」

まわりの僧たちは白隠さんの身を案じて声をかけました。

「多くの人が法に飢えているのじゃ。そんな暇などない」

白隠さんは耳を貸しません。しかし、今にも倒れそうです。このままにはしておけません。僧たちは困り果てていました。

そんなときに、どういう経緯かはわかりませんが、四十歳くらいのふくよかな女性が登場します。そして白隠さんにこう言います。

「多くの人が法に飢えているからこそ申し上げるのです。少し休んで、体調を調えてから

法をお説きください」

　このときの白隠さんの返答が振るっているのです。

「汝我を懐にして熟睡して一覚せしめれば即ち法施を開かんと」

　添い寝をしてくれれば、ゆっくり眠れる。目が覚めたら法を説こうじゃないか。

　何とも粋《いき》ではありませんか。どんな顔をして言ったのでしょうか。鼻の下を伸ばしていたわけではないでしょう。ただただ無邪気な白隠さんの姿が浮かびます。

　横になるや白隠さんは大いびきをかいて眠り、目を覚ますや別人のように元気になって、説法を再開しました。

　そんなことがあってから約一ヵ月後の十二月七日。激しい雷雨の日でした。白隠さんは松蔭寺にいました。主治医がやってきて脈をとりました。

「どうだ」と白隠さんが聞くと、「別に変わったところはありません」と主治医。

　白隠さんは主治医の顔を見てこう言いました。

「四日前に人の死ぬことぐらいがわからねば名医とはいえんぞ」

　自分は四日後には死ぬ。それがわからないようではダメではないかと諭したのです。

　そのあと知人と碁を打ち、床へ入り、弟子にあとのことを託し、四日後の十一日明け方に虚空へ旅立ちました。

白隠さんのように自分の寿命はわかりませんが、私はいつもどんな死に方をしたいのかをイメージしています。死のリハーサルだと思っています。私の願いは、「女性のふくよかな胸に抱かれて死にたい」です。白隠さんのエピソードを知る前から、私はそう考えていました。白隠さんは、生き方ばかりではなく、死に方においても、私のお手本となる方です。頭が上がりません。

さて、死に際して、白隠さんの地獄への恐怖は消えたのでしょうか。

私は虚空までもっていったのではないかと思っています。虚空への旅の前に、女性＝母の胸に抱かれて、一時だけでも恐怖を忘れて、安らかな時間を過ごしたかったのではないでしょうか。なんと人間臭くて、温かくて豊かな人でしょう。

私も白隠さんのようなラストシーンを目指して、さらにいのちのエネルギーを高めるべく、養生に励みたいと思っています。

私は二〇一九年に白隠さんの亡くなった年齢、八十三歳に並びました。むろん年齢だけのことであって、まだまだ彼の足元にも及びません。

生きている間に白隠さんに並ぶのはとても無理な話です。しかしすばらしい目標をもらいました。死んだあとも養生を続けて、少しでも白隠さんに近づきたいと思っています。

虚空へ行けば白隠さんに会えそうな気がします。厳しそうですが気さくな方でもあったようなので、会ってくれるのではないでしょうか。ぜひ会ってみたいものです。もしお会いできたら、緊張して言葉が出ないかもしれません。

妄想は広がるばかりです。

白隠さんと虚空。大変な時代だからこそ、その虚空に私たちも繋がる。

最後まで読んでいただきありがとうございました。

帯津良一

《参考文献》

『観音経・十句観音経を味わう』　内山興正　大法輪閣
『延命十句観音経講和』　原田祖岳　大蔵出版
『白隠禅師　延命十句観音経霊験記』　伊豆山格堂編　春秋社
『祈る心は、治る力』　ラリー・ドッシー　大塚晃志郎訳　日本教文社
『一休・正三・白隠──高僧私記』　水上勉　ちくま文庫
『白隠の丹田呼吸法──「夜船閑話」の健康法に学ぶ』　村木弘昌　春秋社
『白隠禅師　健康法と逸話』　直木公彦　日本教文社
『ぼくのマンガ人生』　手塚治虫　岩波新書
『いまを生きる言葉「森のイスキア」より』　佐藤初女　講談社
『死とは何か　さて死んだのは誰なのか』　池田晶子　毎日新聞社
『原爆と原発　ホピの聖なる預言』　小原田泰久　学研パブリッシング
『虹の戦士』　北山耕平翻案　太田出版
『どんなガンでもあきらめない──帯津三敬病院に生きる』　村尾国士　晶文社
『人間まるごと、いのちまるごと』　寺門克・帯津良一　工学図書
『白隠禅師の気功健康法』　帯津良一　校正出版社
『すたすた、すたすた、すたすた坊主のくるときは』　臨済宗妙心寺教化センター
『納棺夫日記』　青木新門　文春文庫
『虚空にあそぶ』　帯津良一・阿久津淳　本の研究社

『タオ―老子』　加島祥造　ちくま文庫

＊ほかにもご縁のあった書籍や雑誌・新聞の記事を参考にさせていただきました。感謝申し上げます。

帯津良一（おびつ・りょういち）
1936年埼玉県川越市に生まれる。1961年東京大学医学部卒業。帯津三敬病院名誉院長。がん治療に中国医学を取り入れ、さらには「からだ」ばかりではなく、目に見えない「こころ」や「いのち」を含めた人間まるごとを見るホリスティック医学を実践。さらに2016年からは、人間の場だけでなく、すべての宇宙を包み込む空間「虚空」にある「大いなるいのち」とのつながりまで視野に入れた大ホリスティック医学を提唱している。虚空とつながることで「生まれてきた理由」「生きる意味」が見えてくると。自らも、気功や『延命十句観音経』、さらには仕事が終わったあとの晩酌といった日々のルーティンから虚空に思いを馳せて、いのちのエネルギーを高める日々を過ごしている。診療、執筆、講演など、さまざまな活動を通して、虚空と一体化する道を説き、それをライフワークとしている。

『汝《なんじ》のこころを虚空《こくう》に繋《つな》げ』
初刷　２０２０年８月５日

著者　帯津良一

発行人　山平松生

発行所　株式会社　風雲舎
〒１６２－０８０５　東京都新宿区矢来町１２２　矢来第二ビル
電話　〇三－三二六九－一五一五（代）
ＦＡＸ　〇三－三二六九－一六〇六
振替　〇〇一六〇－一－七二七七六
URL　http://www.fuun-sha.co.jp/
E-mail　mail@fuun-sha.co.jp

ＤＴＰ　中井正裕
印刷　真生印刷株式会社
製本　株式会社　難波製本

落丁・乱丁本はお取り替えいたします。（検印廃止）

ISBN978-4-938939-98-4